GAZPACHO

akal ediciones

Diseño de cubierta
RAG

Maqueta interior
Zirak Design y RAG

Sector Foresta, I
28760 Tres Cantos
Madrid - España

Tel.: 918 061 996
Fax: 918 044 028

www.akal.com

ISBN-10: 84-460-2537-X
ISBN-13: 978-84-460-2537-5
Depósito legal: M-19.423-2006

Impreso en Grupo Marte
Fuenlabrada (Madrid)

GAZPACHO
por Alberto Herráiz

FOTOGRAFÍAS
Didier Loire

ESTILISMO
Vanina Villarreal

akal ediciones

A Vanina Villarreal, mi esposa
y compañera de viaje en
esta aventura del gusto

INTRODUCCIÓN

El gazpacho es un gazapo de la historia: casposo etimológicamente, cuando debiera ser hijo dilecto de esta post-posmodernidad vegetariana, crudívora, algo nipona, pelín bulímica. Cantemos:

> Todo gazpacho
> pasado fue peor.
> Y casposo el pasado:
> con Franco
> callábamos mejor.

Casposa era la vida: botijo de su madre. Y el gazpacho, que vaya usted a saber qué aceite, qué vinagre. O mejor no vaya. Mejor lea.

Francisco del Rosal, pionero –estimó lógica la investigación etimológica–, omite el gazpacho, a pesar de que era cordobés. Y pretencioso: titula los cuatro volúmenes *Origen y Etimología de todos los vocablos de la lengua castellana.* Espinas del Rosal. Inventó en cambio el jamón gavacho («gavacho quiere decir serrano..., del hebreo, que a los lugares altos y montuosos llamó gabaçá...»).

Casualidad o sino, Francisco del Rosal murió en 1611. Ese año, justamente, aparece gazpacho en castellano, de acuerdo con Joan Corominas, quien define: «en portugés, caspacho. Origen incierto, quizá deriv. mozárabe del prerromano caspa, residuo, fragmento (de dónde el castellano caspa) por alusión a los pedacitos de pan y verdura que entran en el gazpacho».

Francia escribe *gaspacho.* Acaso porque en francés *gaz* es gas. Gas entró al diccionario castellano en 1817. Pero el término es del químico flamenco –¡olé tus creaciones!– J. B. van Helmont, fallecido en 1644, quien se inspiró en el latín *chaos*, caos. ¡Bien! El gazpacho: puro caos.

Y eso que la idea –el concepto se dice ahora– es clara. Aunque la Seguridad Social no lo reembolsa, el gazpacho es dietética de base: grasa vegetal, acidez para combatir calores e infecciones, hidratos de carbono. Y vitaminas.

Pero es un marginal de la cocina, que por ella podría no existir siquiera. Tampoco es un plato. Y denominarlo sopa es herejía semántica. Tan desagradable para la estética del idioma como llamar caldo al vino. El caldo es caliente; la sopa también. Y suculenta: truculenta treta básica contra la pobreza. Y contra el hambre. Plato único. Grasa caliente sobre horma de pan. Migas. Gachas para que te agaches un día más. Aquella sopa era comida sin conversación, de cocina mal iluminada, sustento de los personajes del *Angelus* de Millet, confundidos en el cuadro con las bestias, con las que además dormían, recuerdo de una temporada en el invierno. Reliquia de seis siglos de miseria.

Ni se le ocurra pedir ayuda al gabacho: «potaje español a base de pepino, tomate y cebolla, de pimiento y de miga de pan, relevado con ajo y aceite de oliva –dice el *Larousse Gastronomique* de 1996, cuyo comité presidió Robuchon quien debe haberse quedado el vinagre–, que se come frío». ¡Ay! El pollo también se puede comer frío. Pero no crudo. El gazpacho no es que se coma frío, es que no se cocina.

Eso sí: gracias al *Larousse* el francés medio conocerá el gazpacho de Segovia –¿subproducto del acueducto?–, «perfumado con comino y albahaca y montado sobre un fondo de mayonesa». Y ¿a quién pide la receta, *Larousse*? Porque el Sena pasa por París, la levanta del *Livre de Cuisine* de Alice B. Toklas, sufrida esposa de Gertrude Stein («a gazpacho it's a gazpacho it's a gazpacho...»).

Un *Gaspacho de Séville*. Sin vinagre, naturalmente.

El gazpacho es comida de labriegos pero comunitaria, de campo. Para hacer unas risas y trabajar todavía. No han llevado más que aceite: agua y vino avinagrado, en dos botijos; las verduras, de por ahí. Y la mano del almirez en la mano del que aquel día está más puesto. Aquello alimenta. Pero es y no es comida.

¿Una ensalada líquida? ¿Una menestra liquidada? ¿Un *all i oli*, un ajoaceite en perpetua expansión como el Universo? ¿La extensión del dominio de la hucha? ¿Es acaso un kit de astronautas, de cuando los viajes espaciales salían de Palenque o más bien aterrizaban allí? ¿Un cóctel? Seguramente. Y cultural. Caspos prerromano, aceite árabe, vinagre del vino griego. Así permanece algunos siglos: artificio contra el calor que quita el hambre. Contra la pobreza que impide quitarlo; que quita el hombre.

Y en eso llegó Colón.

Escribamos colon: más que la geografía, el avistamiento de la *Hispaniola* trastornará el intestino común europeo.

América tiñe de rojo el sur de Europa. El descubrimiento trae tomate: Hernán Cortés no quita lo valiente; rojo de sangre de sacrificios aztecas, sacrificó aztecas. Importaba un pimiento.

¿En qué pizarra escribió tomate Pizarro? Los cronistas ignoran el nombre quechua; se quedan con el nahuatl: *tomatl*. Pero basta con que andes al pie de los Andes, todavía hoy, para tropezar con tomates pequeños, esos que ahora reinventó Europa. Tomate cereza; es decir, el original: *Lycopersicon esculentum* –del latín: comestible–, variedad cerasiforme. En Perú y Bolivia crecen desde siempre –crecer es palabra impropia: racimos horizontales. Huella–. De allí habría viajado a México, donde lo domesticaron.

En México fueron planta ornamental. Para Italia, *poma d'amore*. *Pomme d'amour* en Provenza. Pero todos desconfiaban de aquel primo de la mandrágora. Salvo Andalucía: lo encontró tan pinturero que pintó el gazpacho.

Cataluña prefirió un gazpacho sólido: el *pa amb tomaquet*, que sólo carece de vinagre. En 1875, en Pensilvania, el inmigrante alemán Henrich Heinz parte de base gazpachera, tomate y vinagre, y transforma el *catsup* indio, soja y vinagre, en ketchup universal.

Pero lo que aquí cuenta es que, poco antes de que Goya enrojeciera la muleta por capricho de pintor, el artista tomate –ancestro vegetal de Tomatito– le dará su toque de color al gazpacho. Como si aquello les importara un comino, los conservadores –no los conservantes– lo arabizan. Habrá en adelante gazpachos más pálidos y de más intensa color.

El inefable Joan Ollé, cliente de la Ideal de Barcelona y durante el día ¿abogado? ¿notario?, imprimía tarjetas con su nombre y título. Y abajo, como en la placa de la puerta: «Gazpacho de 5 a 7».

Por entonces (Europa no estaba en España y vicerversa), *Cleo de 5 a 7* era un filme francés, el lapso del amor adúltero. En aquella España en la que el sexo no era pecado sino milagro, el acamédico de humores José Luis Coll, atravesaba la noche madrileña, después del espectáculo, aunque el espectáculo solía venir después. En su coche, un termo con gazpacho.

Tímido, el gazpacho no pasaba todavía la frontera. Sólo una vez, invitado por la *nouvelle cuisine* que lo disfrazó de salsa de bogavante, en Niza –Jacques Maximin– y en Burdeos, por la nostalgia de Francis García.

Los exiliados disimulábamos con un *ersatz:* el *Bloody Mary*, otro hijo del tomate, jitomate, sacudido por primera vez tras la barra del Harry's Bar parisiense en 1919.

Gazpacho madrileño de la calle de la Victoria, taurino. Salmorejo de Córdoba poco antes de ser corneados por un rabo de toro
a las cinco en punto de la tarde con cuarenta grados a la sombra. Ajo blanco y sus uvas, en Málaga,
de paso para una riña de gallos clandestina en Sanlúcar. Un gaspashito en casa de los Peralta, entre una y otra vaquilla.
Gazpacho a la medida de cada cual, expresión absoluta del gusto, malo y bueno.
Y en Sevilla, tantos gazpachos como neveras.

En fin, los tomates a la provenzal disimulan el préstamo de pan, tomate y aceite con un feroz golpe de horno. Y ya no. Porque si algo define al gazpacho, no es el tomate ni el pan ni el ajo ni el vinagre ni el aceite. No lo define lo que lleva, sino lo que soslaya: el fuego.

Reivindicación de lo crudo, el gazpacho es anterior al sushi, anterior a la cocina. Y aunque lo sirvan al principio de las comidas, el gazpacho no es entrada ni salida. Es la tapa por excelencia. Hasta el punto de que puede prescindir del fuego, del cocinero, del plato. Y del *sommelier:* en el gazpacho, lo comido por lo bebido.

Ante tan inexplicable fenómeno, los cocineros –que no en vano llaman recetas a sus fórmulas, se agrupan en brigadas y obedecen al *chef*–, intentaron *derridar* –deconstruir– la espontánea construcción. Y hacernos luz de gas/pacho.

Furiosos ante el monopolio tomatero reaccionaron como los napolitanos con su pizza blanca: prefirieron llamar gazpacho al ajo blanco; matarlo de sed para que, rojo de sofoco, se quedara en salmorejo. Aludir a sólidos gazpachos; quijotes de manchuelas.

«La luna de verano reparte gazpacho», susurra Don Ramón, gregario. Pero los cocineros no están para greguerías. Como Pierre Ménard que con la pluma de Borges –y no me refiero al aceite– reescribió el *Quijote*, deciden reinventar el gazpacho.

Pregunta el lector: «El codificador del nuevo gazpacho ¿en qué rincón de Andalucía se oculta?».

Erráis, lector, respondo: Alberto Herráiz pare sus gazpachos en París, autorizado a trashumar fuera de casa, desde 1177, por el Fuero de Cuenca de Alfonso VIII.

Por sus gazpachos los cocinaréis: Herráiz gazpachea desde que el 21 es siglo, frente a la iglesia de Saint Julien le Pauvre, rica en frecuentaciones. Rabelais, por ejemplo, digería en sus bancos, en estado de gracia traspuesta, sus pantagruélicas tenidas.

Óscar Caballero

JUSTIFICACIÓN DE LA OBRA

Quizá ninguna receta de la cocina española sea tan universal como el gazpacho, capítulo esencial del repertorio popular andaluz, que cuenta con infinitas variantes y fórmulas, tantas como aficionados a este plato.

La razón principal que me ha impulsado a escribir este libro es reivindicar el gazpacho como técnica culinaria, explicarla, darla a conocer e invitar a cocineros y aficionados al fogón de otras culturas a realizar sus propios gazpachos con ingredientes locales, que permitan el surgimiento de un gazpacho reconocible en su paladar. Me interesa proponer los elementos que permitan a cada cocinero definir su receta, independientemente de los ingredientes que ésta contenga.

Varios factores influyeron en el modo en que tomé conciencia de que el gazpacho es, en sí mismo, una técnica. Por un lado, el hecho de vivir fuera de España desde hace varios años implicó en mí una visión diferente, modulada por la distancia, de la cocina española. Por otro, en una conversación de sobremesa sobre la noción de que toda receta tradicional está indefectiblemente ligada a sus raíces, su pueblo y sus hábitos, Alain Dutournier, del restaurante Carré des Feuillants, planteó la dificultad de digerir ciertas verduras crudas en el gazpacho, como el pimiento y la cebolla. Esto despertó en mí la reflexión sobre la posibilidad de hacer gazpachos con productos confitados o cocidos y me decidió a recopilar los gazpachos existentes en España.

Volviendo a las fuentes, e indagando en el recetario popular andaluz, se observa que hay una gran variedad, casi infinita, de gazpachos, desde los más conocidos, que podemos llamar gazpacho andaluz, el ajo blanco y el salmorejo, hasta otros calientes o de productos poco habituales como hierbas, ensaladas y pimientos secos, pasando por variaciones como el gazpachuelo.

No nos podemos olvidar del gazpacho de tenedor, un guiso compuesto de carnes de caza y pan ácimo, sin levadura, conocido también como gazpacho manchego o pastor, y del susodicho gazpachuelo, una preparación próxima al gazpacho, ya sea caliente y ligada con huevos escalfados, o fría, ligada con mayonesa.

Avanzando hasta la época contemporánea, se constata que casi todos los cocineros tienen una receta de gazpacho. Tal vez fue el gazpacho de bogavante de Ferran Adrià el plato que, en los años ochenta, marcó la transición en la alta cocina de España. Pero hay muchos más, entre ellos, y citando sólo algunos, el granizado de pimiento verde de Manolo de la Osa, el ajo blanco con helado de piñones del restaurante Tragabuches, el ajo blanco con granizado de vino tinto del Café de París, el gazpacho de foie de Sergi Arola, el gazpacho ilustrado de Toñi Vicente, el gazpacho de borraja y vieiras del restaurante Las Torres, los gazpachos de tomate y ajo blanco con mojama y el ajo blanco con berberechos y mosto de los restaurantes extremeños Aldebarán y Atrio, y el gazpacho de centollo con melón de Maher. En definitiva, no hay duda de que la mayoría de los restaurantes de la geografía española, de norte a sur y de este a oeste, ofrecen alguna versión propia del gazpacho.

Integrar esta información al trabajo en la cocina me condujo a comprobar que el gazpacho puede realizarse tanto con productos crudos como cocidos, verduras, frutas, pescados, mariscos o carne, en fin, con ingredientes de lo más diverso, siempre y cuando intervenga en la receta una emulsión de pan, aceite y vinagre.

Mi intención es, por tanto, transmitir este trabajo respetuoso de los principios tradicionales de la elaboración del gazpacho, así como abrir las puertas a ingredientes no convencionales y a las posibilidades de aplicación del gazpacho más allá del contexto habitual de sopa fría, ya sea como salsa, ya como aliño sustituyendo una vinagreta o acompañando un carpaccio. De hecho, las que se muestran a continuación son, en cierta manera, recetas «abiertas» que no pretenden más que servir de fuente de inspiración a la creatividad de los lectores, dejando a cada uno la libertad de decidir cómo servir su gazpacho. Es decir, cuando pensamos un gazpacho, tenemos que anticipar el resultado del plato montado con su guarnición, combinando distintas temperaturas –desde un marisco frío hasta un granizado– y diferentes texturas –cremosas, crocantes o gelatinosas–. Una presentación que se puede ordenar según un determinado criterio de degustación. Imaginemos un gazpacho lineal en el que los ingredientes de su guarnición jueguen con la intensidad de los ácidos de izquierda a derecha, u otro con sabores contrastantes que se deguste en el sentido de las agujas del reloj.

El gazpacho también puede servirse en vaso, como tapa de entrada o en un cóctel, en desayuno o merienda, como bebida refrescante más diluida, antes del postre o como postre. Ciertamente, sus posibilidades en la mesa moderna son innumerables.

Otra de las razones para escribir este libro surge del trabajo diario que desarrollamos desde hace varios años en el restaurante parisino Fogón, especializado en arroces y tapas, frecuentado por clientes de múltiples orígenes culturales. Allí, en verano, servimos un gazpacho como tapa o aperitivo de bienvenida. El hecho es que, a menudo, el gazpacho provoca cierto desconcierto en los comensales que, ante la novedad, tienden a degustarlo introduciendo en él algún bocado antes de llevarlo a la boca, untándolo sobre una rodaja de pan o como salsa sobre otra preparación del menú. Por ello, decidimos explicar la receta en el momento de servir, para ayudar a comprender y apreciar mejor los matices que habitualmente sólo distinguen las personas que los conocen porque ya forman parte de su historia gustativa.

Alberto Herráiz

EL GAZPACHO

El gazpacho «de cuchara» es una sopa fría elaborada con productos crudos, cocidos o ambos, con o sin tomate, triturados con miga de pan y vinagre, emulsionados con aceite y de consistencia más o menos cremosa según la cantidad de líquido que se incorpore para desleírlo.

En el diccionario Corominas encontramos que la palabra gazpacho viene de «caspa», voz prerromana que significa fragmento, «tal vez por alusión a los pedacitos de pan y verdura que entran en el gazpacho».

Vicente Espinel, en la *Vida del escudero Marcos de Obregón*, dice:

> Yo cené un muy gentil gazpacho, que cosa más sabrosa no he visto en mi vida.

En el *Tesoro de la lengua castellana o española*, de Covarrubias, encontramos esta definición:

> Género de sopa que se hace con el pan hecho pedazitos, azeite, vinagre, ajos y otros ingredientes; es comida de segadores y gente rústica.

Hay dos clases populares de gazpacho: el andaluz, que es el más divulgado y el descrito en el diccionario, y el manchego-valenciano, bastante diferente, pues se elabora con una torta asada (algunas veces asada sobre una piedra caliente), que se parte en pedazos y se guisa con carnes, que pueden ser de liebre, conejo, cerdo y aun de perdiz, pollo y otras.

El gazpacho fue gestándose desde tiempos remotos gracias a los aportes de las sucesivas civilizaciones que poblaron el sur de España. Los romanos, los árabes y, más tarde, el aporte del tomate y del chile o pimiento a raíz del descubrimiento de América, todos contribuyeron a la definición de este plato que ha trascendido a lo largo del tiempo su origen campesino andaluz para instalarse definitivamente en el recetario universal.

Esta preparación popular andaluza constituía en sus orígenes una forma de alimentarse económica, equilibrada y rápida. Económica, porque se vale de productos primarios como el pan del día anterior, el aceite y el vinagre abundantes en toda Andalucía. Los primeros gazpachos se preparaban con pan, vinagre, aceite y frecuentemente ajo, y en ocasiones un fruto seco como la almendra (ajo blanco), cebolla u otras verduras. El gazpacho rojo surgió mucho más tarde, con la transformación moderna de la huerta; el tomate azteca y el pimiento mestizo derivado del chile aportaron su color característico. Equilibrada, pues el gazpacho proveía de todos los nutrientes necesarios para jornadas intensas de trabajo rural y constituía, además, una excelente forma de hidratación. Y rápida y muy fácil de realizar, siendo muy apreciado desde siempre por los trabajadores del campo, debido a la posibilidad de transportar la materia prima con facilidad, sin necesidad de cuidados de refrigeración. Un mortero y el simple agregado de agua bastaban para prepararlo en cualquier sitio, sin siquiera requerir del fuego para su elaboración.

La multiplicidad de las variantes y la gama de matices de las recetas de gazpacho son tan amplias que resulta imposible hablar de un «gazpacho auténtico». Cada cual reconocerá como su gazpacho ideal aquel que le recuerde la receta familiar. Es más, con los mismos ingredientes pueden obtenerse gazpachos diferentes, bien triturándolos empleando todos o sólo una parte, y reservando el resto para una guarnición. Como en el juego del ajedrez, con la misma materia prima las combinaciones posibles son infinitas.

Es importante destacar que el gazpacho es una preparación que se adapta a las necesidades de la vida moderna, marcada por la dificultad de incorporar a los hábitos alimenticios el aporte de productos frescos y de buena calidad.

Constituye una fuente consistente de energía, la que aportan los hidratos de carbono del pan y los lípidos del aceite, así como las abundantes vitaminas, minerales y fibras presentes en las verduras. A ello hay que sumar el hecho de que el aceite de oliva es rico en ácidos grasos monoinsaturados inestimables por su papel en la prevención de la hipercolesterolemia, lo que lo convierte en un plato más que beneficioso para la salud. Como remarcara Gregorio Marañón, médico nutricionista, cuando está acompañado de una guarnición de carne, jamón o huevo, el gazpacho constituye un alimento completo en el que están presentes todos los nutrientes necesarios.

Cuando empecé a cocinar, lo primero que me sorprendió fue ver cómo se espesaban y ligaban los líquidos en la cocina. En el caso que nos ocupa, además, una parte de sus ingredientes son sólidos que pasan a ser líquidos y después se emulsionan.

En las siguientes páginas el lector encontrará descritos de manera general los pasos necesarios para dominar esta técnica.

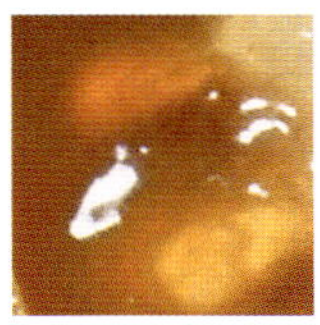

LA TÉCNICA

Tradicionalmente, el primer paso de la preparación del gazpacho consistía en el majado manual de una parte de los ingredientes y la sal, en un mortero de madera o cerámica. El proceso se completaba luego en un cuenco o lebrillo donde se agregaban los demás ingredientes, y se continuaba majando la mezcla hasta obtener una masa de consistencia pastosa. Luego se emulsionaba con aceite, se desleía con agua y se consumía inmediatamente como una sopa.

El agregado de sal al majado es un punto clave para lograr una buena concentración de las moléculas aromáticas y sápidas en los ingredientes, que, conservando su individualidad, resultan perfectamente reconocibles en el conjunto, al tiempo que logran una integración intensa y armoniosa una vez combinados. Este sistema de majado de los productos en el mortero sigue teniendo hoy en día sus incondicionales. Sin embargo, requiere un tiempo y un trabajo considerables.

Se puede obtener un resultado equivalente si se respetan los pasos siguientes:

1. Maceración

Es la creación de un medio osmótico aportado por el añadido de sal que permitirá, al igual que en el caso anterior, una buena definición de los sabores. El medio ácido, determinado por la presencia de vinagre, contribuye además al ablandamiento de las proteínas.

Los ingredientes sólidos, lavados y troceados, las hierbas enteras o en trozos grandes, el pan remojado en vinagre, la mitad del aceite y la sal se colocan en un recipiente, bien mezclados para lograr un buen contacto con la sal. Dicho recipiente debe ser oscuro y hermético para minimizar las posibilidades de contacto con la luz y el oxígeno ambiental, se introduce en el frigorífico durante 12 horas a una temperatura de 4 a 6 °C. Si se desea una acidez menor, el pan se remoja en agua y se escurre antes de poner a macerar, y el vinagre se agrega en los pasos siguientes.

2. Trituración

La trituración tiene por objeto conseguir que los sólidos se reduzcan a pequeñas partículas solubles y conformen una mezcla homogénea. Para ello se utiliza un robot de cocina, en el que se vuelcan los sólidos de la marinada, con un poco de su líquido. Se realiza a una velocidad baja que destruya el mínimo de vitaminas y otros nutrientes, y que incorpore la menor cantidad de oxígeno posible; de este modo, además de cuidar de que no se desvirtúen las propiedades nutricionales de los ingredientes, se preserva el color de la preparación.

3. Emulsión

Base común a todos los gazpachos, la emulsión es la suspensión de gotitas de un líquido en el seno de otro en el que el primero es insoluble. En un gazpacho bien emulsionado se evita la aparición de una interfase agua-aceite, situación en la que el agua se decantaría en el fondo del recipiente. Se realiza en el mismo robot, al que se añade poco a poco el resto del líquido de la marinada y la otra mitad del aceite, siempre a baja velocidad.

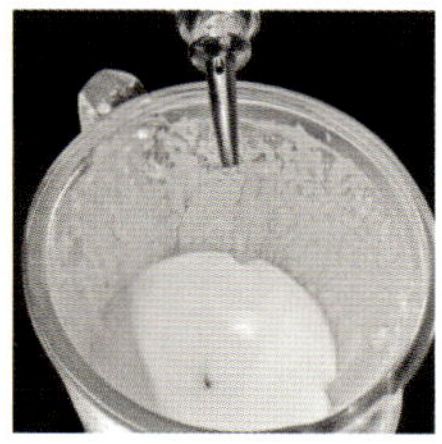

4. Desleído

Consiste en añadir un líquido a una base espesa con el objeto de disminuir su densidad. Es necesario para obtener la textura deseada, más o menos cremosa.

Tradicionalmente se desleía el gazpacho con agua, pero, según la receta, se puede desleír con el agua de cocción de un producto base, con agua con gas, champán, vino, zumos de fruta u otros líquidos. Este líquido se añade al robot a baja velocidad y muy poco a poco, para no desestabilizar la emulsión.

Este paso se salta en los gazpachos de textura cremosa o empleados como salsa.

5. Colado

Es el paso final, fundamental para obtener una textura delicada, redonda en el paso por boca. El grado del tamiz se elige en función del resultado deseado. Hay que tener cuidado de no forzar los restos que queden por encima del filtro, no triturados y más duros.

El colador debe ser de acero inoxidable, para reducir en lo posible la oxidación de los ingredientes. Los gazpachos que contienen lechuga no deben colarse, ya que ésta se oxida inmediatamente al contacto con el metal, aunque sea acero inoxidable.

LA CONSERVACIÓN EN FRÍO

A lo largo de todo el proceso, es indispensable la conservación a baja temperatura en frigorífico para ralentizar las reacciones de oxidación y pérdida de pigmentos. También es fundamental para evitar la multiplicación bacteriana y el crecimiento de hongos y levaduras, ya que el alto contenido de agua y la presencia de productos crudos hacen al gazpacho muy susceptible a la contaminación por microorganismos patógenos.

Apenas terminada la preparación, es conveniente enfriarlo en un abatidor de temperatura y llevarlo rápidamente a 2 °C. Desde el punto de vista nutricional, el gazpacho tiene una vida relativamente corta, de dos o tres días; la pérdida de vitaminas, sobre todo en la elaboración y refrigeración, es importante.

Para guardarlo es conveniente utilizar recipientes opacos y herméticos, que no dejen entrar ni la luz ni el oxígeno, y no emplear recipientes de aluminio, para evitar reacciones con el vinagre.

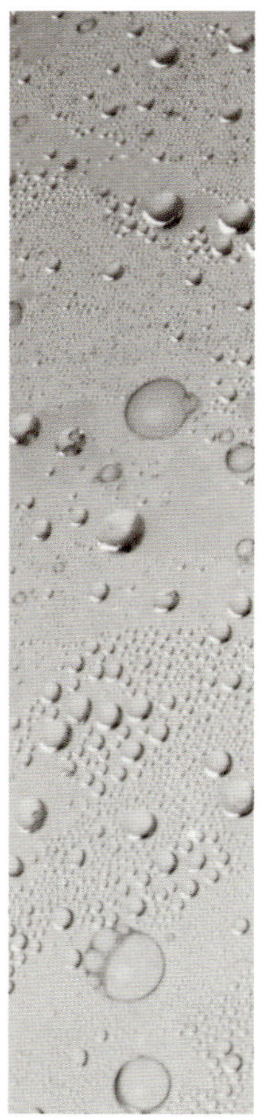

LOS UTENSILIOS

Mortero Puede ser de madera, piedra o cerámica, pero nunca metálico, para evitar la oxidación.
Lebrillo Recipiente de barro donde se desleía el gazpacho. En la actualidad se utilizan también recipientes de plástico, aunque con el robot no es necesario.
Robots de cocina Reemplazan al mortero, logrando un producto de calidad equivalente. Los hay de varios tipos: «de brazo», prácticos para la realización de pequeñas cantidades –gazpachos para salsa o para utilizar como vinagreta– en cualquier recipiente; «de brazo industrial», de gran tamaño para elaborar cantidades más abundantes; «con vaso fijo», que tiene la ventaja de que todos sus elementos giran alrededor de un eje, dejando las manos libres para añadir los ingredientes, y, de última generación, un robot sofisticado que, además de triturar, permite pesar, calentar y temporizar cada una de las etapas, favoreciendo un resultado de mayor precisión.
Coladores y cazos ajustables de acero inoxidable Indispensables para el filtrado de la preparación.

EL MERCADO

Teniendo en cuenta los pasos anteriores, sólo resta elegir la materia prima de nuestro gazpacho. Para lograr un buen resultado es indispensable seleccionar productos frescos y de primera calidad.

El gazpacho se gesta en el mercado local, donde el paladar imaginario guía la elección de los ingredientes valiéndose del registro gustativo personal y de la experiencia organoléptica previa, para anticipar un sabor reconocible en una textura no experimentada anteriormente. Aunque el verano es la estación ideal, puesto que la oferta de verduras es más abundante, el mercado asegura durante todo el año la provisión de materia prima apta para los gazpachos, abriendo el juego a frutas, verduras crudas o que requieran cocción, carnes, ahumados, pescados, mariscos, etcétera.

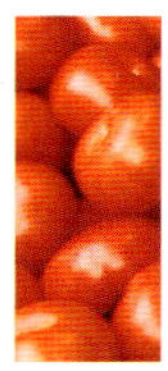

Base del gazpacho = emulsión de aceite, vinagre, sal y miga de pan.

A la hora de realizar la receta, el presente cuadro nos servirá de guía para hacernos una idea de las posibles asociaciones de ingredientes básicos (debe elegirse uno de cada columna). También podemos utilizar el agua de cocción de los productos (verduras, pescados, mariscos). Por lo demás, no debemos olvidar nuestra experiencia gustativa, y tenemos que prever en todo momento el resultado: es necesario que los resultados cumplan ciertas normas, siendo coherentes y respetuosos con los ingredientes.

Aceites	Vinagre	Pan	Sal
oliva	Jerez de 5 años	candeal	ahumada
oliva hojiblanca	Jerez de 10 años	inglés	sal de limón
oliva arbequina	Jerez de 15 años	barra	flor de sal
oliva picual	Jerez de 25 años	redondo	fina
oliva morisca	Cariñena	payés	gorda
oliva naranja	cabernet sauvignon	integral	rosa
oliva limón	chardonay	de cereales	gris
oliva mandarina	manzana	de cebolla	
nuez	Pedro Ximénez	de pasas	
avellanas	callet	de higos	
almendras	garnacha	de sésamo	
piñones	Módena	de algas	
pistacho	arroz	de nueces	
sésamo	cava	de queso	
cacahuete	con aromas	de maíz	
girasol	limón	de aceitunas	
colza	frambuesa	de champiñones	
maíz	sidra	de ajo	
pepitas de uva		borono (Cantabria)	
nabo			
esenciales de plantas			

Asimismo, podemos recurrir a los siguientes apartados para elegir una hierba o especia que realce el sabor de la preparación.

Hierbas	Especias
acedera	alcaravea
ajedrera	anís
albahaca	canela
angélica	cardamomo
cebolleta	clavo de olor
cilantro	comino
eneldo	coriandro
estragón	cúrcuma
laurel	curry
lavanda	jengibre
limonero	macis
mejorana	mostaza
melisa	pimentón
menta	pimientas
orégano	vainilla
ortiga	
perejil	
regaliz	
romero	
salvia	
tila	
tomillo	
verbena	

LOS INGREDIENTES BÁSICOS: ACEITE, VINAGRE, PAN Y SAL

El aceite

No por casualidad se ha utilizado tradicionalmente el aceite de oliva; Andalucía, tierra madre del gazpacho, es la primera región productora mundial de esta grasa de origen vegetal. Sin embargo, el aceite de oliva se produce en todo el país, y cada región transmite características particulares a su aceite, de acuerdo a su terreno, su clima, la cosecha y su elaboración.

Es bien sabido que un aspecto fundamental de la calidad de este aceite es su grado de acidez, determinado por el contenido de ácido oleico. El ideal para los gazpachos es el de oliva virgen extra, con una acidez entre 0,2° y 0,5°.

En cuanto a las propiedades organolépticas, los matices del aceite son numerosos y dependen del olivo del que provengan; así podemos elegir entre aceites más o menos amargos, picantes, dulces, afrutados, etcétera. También influye en el sabor el momento de la recolección: los aceites amarillo dorados provienen de aceitunas maduras, de recolección tardía; y los amarillo verdosos son más afrutados, menos ácidos y con cierto amargor, procedentes de aceitunas que no han completado la maduración.

Los aceites monovarietales aportan cada uno su nota particular: la variedad arbequina es precoz y ofrece de natural un perfume almendrado que se integra muy bien en el ajo blanco; la cornicabra es dulce y evoca el sabor del aguacate y otros frutos exóticos; la hojiblanca ofrece un aceite rico en sabores, dulce y afrutado, con un deje amargo y picante. Los hay también que son fruto de la combinación de dos o tres variedades, cuyo resultado es un sabor estable en las sucesivas cosechas.

Realzar un determinado sabor de la preparación a través de la maceración de hierbas o especias en el aceite puede ser una idea interesante. De esta manera, la impregnación de las papilas gustativas es más amplia al tiempo que sutil, y la percepción del perfume en la boca se prolonga. Un gazpacho de tomate, fresa y albahaca tendrá un sabor más definido e integrado si el aceite que se emplea se ha macerado previamente con albahaca.

Para perfumar aceites, son preferibles las hierbas frescas a las secas. La albahaca, la angélica, el cebollino, el estragón, el eneldo, el cilantro, el hinojo, el laurel, el romero, el tomillo, son excelentes para enriquecer un aceite. Lo mismo sucede con el pimiento, la mostaza, la pimienta, el clavo, la alcaravea, la vainilla, el regaliz y cualquier otro condimento susceptible de aportar un matiz a la definición del conjunto.

Los aceites más resistentes al calor, como el de picudo o el de cornicabra, son los indicados para los gazpachos confitados. No hay que olvidar que no es recomendable superar los 65 °C durante la cocción, para que las propiedades del aceite se desvirtúen lo menos posible.

Sin embargo, la elección del aceite no debe limitarse al de oliva y sus derivados; un aceite neutro, como el de girasol, y otros más personales, como el de nuez, almendra o sésamo, son también opciones interesantes para posibles asociaciones de sabores.

El vinagre

El vinagre es el responsable de la acidez del gazpacho. Al tiempo que le otorga un frescor y un sabor característicos, ejerce, junto con la acidez del tomate o de otras verduras, una acción inhibitoria sobre el desarrollo de microorganismos patógenos, contribuyendo a la conservación y potenciando el sabor.

Los vinagres más apreciados son los de vino, añejados en botas de madera, como los de Jerez. No obstante, también pueden emplearse otros vinagres monovarietales, como el de chardonnay, cabernet sauvignon, garnacha, tempranillo, syrah, cava o frutas. Al igual que los aceites, los vinagres se pueden enriquecer realizando una marinada de hierbas o especias.

La sal

Indispensable por su poder osmótico para la definición del sabor de cada uno de los ingredientes, la sal puede aportar además una nota propia según sea gruesa, aromatizada, de limón, ahumada o de hierbas. También puede utilizarse flor de sal para rectificar en el instante de servir o montar el plato, ya que este tipo de sal debe emplearse siempre en el último momento para que no se disuelva y aporte una textura crujiente al fundirse en el paladar.

El pan

La miga de un pan asentado de uno o dos días es el elemento espesante básico del gazpacho. El pan se coloca en la maceración cortado en trozos pequeños para que la impregnación de sabores sea máxima. Sin embargo, dependiendo del tipo empleado, podemos aportar un carácter diferente a nuestra receta, del mismo modo que se pueden utilizar bizcochos para los gazpachos dulces.

EL MARIDAJE DEL GAZPACHO Y EL VINO

Maridar o combinar vinos con gazpachos, en un principio, parece un ejercicio bastante complicado. Los productores de vino preferimos mezclar los vinos con comidas que de alguna manera favorezcan su percepción.
Alberto Herráiz nos pidió a un grupo de allegados que pensáramos cuáles serían los mejores vinos para sus gazpachos. Gazpachos de todos los colores y gustos, siempre muy diferentes, pero con esa espina dorsal que es el vinagre, que les da vida, pero que a priori es una pesadilla para el vino, pues lo seca y adelgaza.
Tengo la impresión de que, en los libros de cocina, el maridaje es un puro trámite. Hojeas libros de grandes cocineros y tienes la sensación de que el tema del vino es inversamente proporcional a la profundidad de su comida.
¿Por qué a los cocineros les preocupa tan poco el vino, si éste es parte fundamental del banquete? Como viticultor, pienso cada vez más que al vino no hay que desproveerlo de comida. De una forma inconsciente, estos últimos años he intentado evitar hacer cualquier cata importante sin comida. Es con la comida como se aprecia todo lo bueno y excepcional que tiene esta bebida. Sólo entendiendo así el vino evitaríamos esos productos elaborados para escupir en las catas, que crean espejismos de vinos espectaculares carentes de alma.

Pero volviendo a nuestro ejercicio, diré que la experiencia con Alberto ha sido original, tan original como el personaje. Nos encontramos un día en París, en casa de Óscar Caballero, rodeados de libros de arte y de cocina. Así me imaginaba yo las casas de los artistas que llegaban a París hace cincuenta años en busca del Centro del Mundo. En su cocina intentamos hacer sitio para los diferentes gazpachos, cada uno con su copita. Gazpachos de fresa, remolacha, cerezas, andaluz, mejillones con tomate, aguacate, ajo blanco, cogollos y anchoas. En el escaso sitio que nos quedó, amontonamos diferentes tipos de vino; cada uno llevó lo que pensaba que iría mejor para la ocasión. La mayoría de los vinos tenía un argumento raro, diferenciador, lo que respondía al acercamiento teórico que cada uno de nosotros tenía del maridaje. Pero todos aportamos algún vino con un carácter de solera o rancio. Quizá porque es inevitable asociar gazpacho con Andalucía. Esto directamente nos conduce a Jerez o a Sanlúcar, con sus criaderas y gustos yodados. Pero como no sólo hay yodo en el sur de España, también aparecieron vinos del Jura con su Vinjaune, incluso una botella de champán criado con el método de solera, el Selosse Cuvée Substance, con ese carácter oxidado (del bueno) que sólo consigue este champán y los buenos que han sido capaces de envejecer más de veinte años. Una maravilla que, además, al final resultó ser una combinación perfecta con casi todos los gazpachos.
La manzanilla era pasada y recién sacada de una bota de Hidalgo en Sanlúcar de Barrameda, un lujo que, a la postre, también sería uno de nuestros maridajes preferidos. Lo que ocurre es que cada día es más difícil conseguir estas manzanillas pasadas –pasadas por lo visto también de moda–. Hoy el consumidor quiere manzanillas y finos cada vez más insípidos donde no se note la criadera ni el tostado del tiempo que da color y carácter.
La serie de estos vinos la terminamos con el Vinjaune, el único vino del norte de Europa con carácter andaluz. Y todos ellos cubrieron las expectativas.

El otro gran elemento capaz de domesticar el vinagre es el aroma. Vinos marcados por su intenso perfume, vinos de variedades como viognier, riesling, verdejo o godello, que, además, deben estar amplificados por un gran *terroir*.
Esta categoría, aunque menos evidente, mantuvo el tipo, si bien muchas veces la sutileza del perfume se vio arrollada por el vinagre. Es cierto, como dice Óscar Caballero, que el gazpacho es una sopa y que, al ser fría y de verano se la considera rápida; por lo tanto, tampoco corremos ningún riesgo si abrimos una gran botella, pues, aunque el gazpacho no le favorezca en un principio, servirá para el resto de la comida. En cualquier caso, en esta segunda tanda el marcado carácter del Riesling del Mosela y el exotismo de las variedades godello y viognier fueron los que mejor ensamblaron con los diferentes gazpachos.

Por último, el vino de retsina, tan especial, quizá fue rizar el rizo. Dos productos extremos, únicos, provocaron una reacción en la que ambos salieron perdiendo.
En definitiva, este ejercicio sí que reivindica que cada comida tiene su pareja.

El gazpacho, aunque a los productores nos ponga los pelos de punta, tiene su vino óptimo. Pero, no hay que olvidarlo, debe ser equilibrado, con el vinagre y el ajo integrados para facilitarnos las cosas.

Telmo Rodríguez

Gazpachos tradicionales

Cuando buscamos una receta tradicional, podemos decir que no existe la «auténtica» o «verdadera» receta de ese plato. Lo que hay son aproximaciones, al contrario de lo que ocurre con la cocina de autor, donde sí se definen tanto sus ingredientes como el proceso de elaboración.

AJO BLANCO

INGREDIENTES

Para 2 litros

- 350 g de almendras peladas
- 200 g de miga de pan blanco de hogaza asentada del día anterior
- 1 diente de ajo
- 3,50 dl de aceite de oliva virgen extra de primera presión en frío, preferentemente de la variedad arbequina
- 1 dl de vinagre de Jerez
- 1 l de agua
- Flor de sal, pimienta
- 400 g de uvas blancas para la guarnición

ELABORACIÓN

Introducir en un recipiente hermético el ajo, las almendras, la miga de pan remojada en el vinagre, medio litro de agua, 1 decilitro de aceite de oliva y la flor de sal. Guardar en el frigorífico 12 horas.

Volcar todo en el vaso del robot de cocina, triturar y emulsionar con el resto del aceite de oliva. Diluir con el resto del agua. Conservar en frío hasta el momento de la presentación.

Añadir pimienta y servir bien frío acompañado de los granos de uva pelados y sin pepitas.

SUGERENCIAS

- Se pueden reemplazar las uvas por dados de melón o manzana. En esta receta es interesante remarcar la frescura de las frutas como guarnición, que aportan un agradable contraste. También se pueden transformar en sorbete de melón, manzana o uvas.
- Si la guarnición va a ser de uvas, sustituya un cuarto de aceite de oliva por aceite de semillas de uvas.
- Se pueden tostar o freír las almendras, lo que les dará un color hueso y un sabor más intenso. Otra posibilidad son las almendras verdes, todavía lechosas.
- Con pan de pasas crocante se puede preparar una decoración vertical.
- Sin desleír y con unas hojas de menta o albaca, el ajo blanco resulta un excelente aliño.

Se trata de una receta muy popular en la ciudad de Málaga.

SALMOREJO

INGREDIENTES

Para 3 litros

- 1,5 kg de tomates bien maduros
- 8 huevos duros
- 2 dientes de ajo
- 300 g de pan
- 5 dl de aceite de oliva virgen extra de primera presión en frío, preferentemente de la variedad picual-picudo
- 1,5 dl de vinagre de Jerez
- Jamón ibérico de bellota cortado en taquitos de 4 mm
- Sal, pimienta

ELABORACIÓN

Lavar y pelar los tomates y cortarlos en dados. Introducirlos en un recipiente hermético junto con los huevos cocidos partidos por la mitad, los ajos, el vinagre, el pan, la mitad del aceite y la sal. Guardar durante 12 horas en el frigorífico. Volcar en el vaso del robot y triturar. Emulsionar con el resto del aceite y colar. Esta preparación no se diluye, debe resultar espesa y con textura cremosa.
En el momento de servir, añadir pimienta y decorar con los taquitos de jamón.

Los huevos pueden estar o no integrados en el gazpacho (enteros o sólo las yemas). Si no se han añadido, se pican y se sirven por encima.

SUGERENCIAS

- Añadir tomates secos bien hidratados en el momento de la maceración enriquece sustancialmente esta receta. Para las cantidades prescritas, podrían ponerse unos 400 gr.
- Prueba a servirlo con huevos borrachos. Para prepararlos, saltear con aceite de oliva unas chalotas, añadir vino oloroso y dejar que se reduzca. Escalfar el huevo en esta reducción, salpimentar y espolvorear con hierbas aromáticas.
- En algunos pueblos andaluces se le añade zumo de naranja amarga.

Según ciertos tratados de cocina antiguos, el salmorejo se prepara en algunas regiones con carne asada o cocida, ya sea como ingrediente, ya como guarnición.

PORRA ANTEQUERANA

INGREDIENTES

Para 2 litros

- 1 kg de tomates
- 200 g de pimientos verdes
- 100 g de cebolletas
- 2 dientes de ajo, sin el brote verde
- 6 huevos duros
- 160 g de miga de pan candeal
- 3,50 dl de aceite de oliva virgen extra de primera presión en frío, preferentemente de la variedad hojiblanca
- 60 g de vinagre de Jerez
- Sal, pimienta

ELABORACIÓN

Lavar los tomates y los pimientos, pelar los tomates y cortarlos en cuartos.
Remojar el pan en el agua y el vinagre, introducirlo en un recipiente hermético junto con los huevos duros cortados en cuartos, los tomates, los pimientos, las cebolletas y la mitad del aceite. Salar y guardar en frío durante 10 horas.
Triturar en el robot y emulsionar con el resto del aceite. Pasar por un colador fino, añadir pimienta y servir decorado con un hilo de aceite de oliva.

SUGERENCIAS

Podemos cubrir este plato con:

- carne de ave cocida, en picadillo o en daditos;
- sardinas secas de barril;
- sardinas a la plancha;
- pequeños dados de jamón y huevo cocido.

En las recetas tradicionales, es imposible asegurarse de haber encontrado la única, la verdadera. Es el caso de esta porra, que tiene tantas variantes como familias que la realizan, sobre todo en la provincia de Málaga.

GAZPACHO DE TOMATE Y PIMIENTO CHORICERO

INGREDIENTES

Para 3 litros

- 1,4 kg de tomates
- 8 pimientos choriceros
- 1 cebolla
- 1 pimiento verde
- 400 g de pan de centeno grueso y bien asentado (como mínimo dos días)
- 3 dl de aceite de oliva virgen extra de primera presión en frío, preferentemente de la variedad cornicabra
- 1,5 dl de vinagre de Jerez
- 1 l de agua
- 50 g de azúcar
- Sal, pimienta

ELABORACIÓN

Limpiar los pimientos choriceros, retirar las pepitas y dejarlos en agua 24 horas. Raspar con un cuchillo la parte interna para separar la piel y recuperar la carne hidratada. Reservar.
Lavar los tomates y cortarlos en cuartos. Quitar la piel al pimiento verde con un pelador, pelar la cebolla y cortarla en gajos.
Introducir en un recipiente hermético los tomates, la cebolla, el pimiento verde, la pasta de pimiento choricero, el pan remojado en el vinagre, el azúcar y la mitad del aceite de oliva. Salar y dejar reposar durante 12 horas en frío.
Volcar todo en el vaso del robot, triturar y emulsionar con el resto del aceite de oliva. Desleír con el agua y colar.
Añadir pimienta y servir bien frío.

SUGERENCIAS

- El bacalao desalado, confitado, en láminas o en migas, puede resultar un muy buen acompañante.
- Unas hierbas fritas o una gelatina de perejil aportarán, sin duda, contrastes interesantes.

Este gazpacho es tradicional de la cocina de Almería. Otra versión se prepara con ñora, un tipo de pimiento seco menos carnoso y más agrio.

ZOCO (ZOQUE)

INGREDIENTES

Para 3,5 litros

- 400 g de almendras peladas
- 1,3 kg de tomates bien maduros
- 2 dientes de ajo
- 400 g de miga de pan candeal
- 7 dl de aceite de oliva virgen extra de primera presión en frío, preferentemente de la variedad arbequina
- 1,5 dl de vinagre de Jerez
- 1,7 l de agua
- Sal, pimienta

ELABORACIÓN

Lavar los tomates y cortarlos en cuartos. Introducirlos en un recipiente hermético con el pan remojado en el vinagre, el ajo sin el corazón, las almendras y la mitad del aceite. Salar y guardar 12 horas en la nevera.
Volcarlo todo en el vaso del robot y triturar. Emulsionar con el resto del aceite y desleír con el agua. Colar y guardar en la nevera. Añadir pimienta y servir bien frío.

SUGERENCIAS

- Resulta aconsejable prepararlo con la mitad del tomate seco e hidratado.
- Al igual que el ajo blanco original, este plato puede acompañarse con frutas como melón, manzana o uvas.
- Es interesante acompañarlo de algún marisco, como bogavante, carabinero o gamba roja. En este caso, se puede sustituir el agua por el caldo de cocción del marisco.

Se trata de una versión del ajo blanco malagueño, pero con tomate.

GAZPACHO ANDALUZ

INGREDIENTES

Para 3 litros

- 1 kg de tomates bien maduros
- 150 g de pepino
- 90 g de cebolla
- 200 g de pimiento verde
- 1 diente de ajo
- 100 g de pan candeal de dos días
- 4 dl de aceite de oliva virgen extra de primera presión en frío, preferentemente de la variedad hojiblanca
- 1 dl de vinagre de Jerez gran reserva
- 1 l de agua
- Sal, pimienta

ELABORACIÓN

Lavar los tomates y el pimiento, y cortarlos en trozos junto con el pepino (descartar los extremos), el ajo y las cebollas. Remojar el pan en el vinagre.

Introducir todo, junto con la mitad del aceite de oliva y la sal, en un recipiente hermético y guardar en el frigorífico 12 horas. Volcar en el vaso del robot, triturar y emulsionar con el resto del aceite. Desleír con el agua y colar. Servir bien frío.

SUGERENCIAS

- Ideal para servirlo como tapa en un cóctel.
- Se le puede dotar de una consistencia más líquida y servirlo como refresco en vaso largo, entre comidas.
- Como alternativa, pruebe a servir las hortalizas de la guarnición en gelatinas, con alguna hierba.

Es, sin duda, el más conocido de todos los gazpachos, y se sirve con una guarnición de daditos de pan, pepino, cebolla, pimiento y tomate.

GAZPACHO PANOCHA (EL FINAL DE LA ENSALADA)

INGREDIENTES

Por comensal

- 1 trozo de 10 x 3 cm de miga de pan candeal o de cereales, asentado del día anterior
- 5 g de hojas de lechugas variadas tiernas
- Medio huevo duro
- 2 tiras de pimiento verde pelado
- 1/2 cebolleta
- 1 aceituna verde
- 1 alcaparrón
- 1 tomate pelado y sin semillas, cortado en gajos
- 0,015 dl de aceite de oliva virgen extra de primera presión en frío, preferentemente de la variedad hojiblanca
- 0,09 dl de vinagre de Jerez
- 0,02 dl de agua
- Sal, pimienta

ELABORACIÓN

Colocar en un tazón el agua, el aceite y el vinagre. Salar y añadir pimienta.
Empapar el pan en el líquido, cuidando de no romperlo para que conserve la forma.
Pasarlo a un plato, colocar encima las hojas de lechuga, el huevo, el tomate y los demás ingredientes bien aliñados con la vinagreta restante.

Este gazpacho es, en realidad, una licencia poética, pues no está emulsionado, aunque todos sus ingredientes podrían formar parte de un auténtico gazpacho.
El «final de la ensalada» es una tapa que servimos en el Fogón. La idea surgió mientras pensábamos cómo consumir los pequeños trozos de hortalizas y la vinagreta que quedan en el fondo de la fuente después de servir la ensalada, que son, sin duda, los más sabrosos.
En su origen, el gazpacho debió consistir en tropezones machacados en mayor o menor grado, y luego emulsionados, pero sin la untuosidad de los gazpachos modernos.

GAZPACHO DE HIERBABUENA

INGREDIENTES

Para 2 litros

- 150 g de hojas de hierbabuena
- 6 huevos duros
- 1 diente de ajo
- 150 g de pan de aceitunas negras
- 3,5 dl de aceite de oliva virgen extra de primera presión en frío, preferentemente de la variedad morisca
- 1,25 dl de vinagre de Jerez de 25 años
- 1 l de agua
- Sal, pimienta

ELABORACIÓN

Llevar el agua a ebullición, retirar del fuego y blanquear las hojas de hierbabuena durante 10 segundos. Enfriarlas inmediatamente en agua con hielo.

Introducir la hierbabuena con el pan previamente remojado en el vinagre en un recipiente hermético, junto con los huevos cortados en rodajas, el ajo y la mitad del aceite. Salar y guardar 12 horas en el frigorífico.

Volcar en el vaso del robot, triturar y emulsionar con el resto del aceite. Desleír con el agua, añadir pimienta y servir.

SUGERENCIAS

- Es posible realizar este gazpacho con distintas hierbas, como hinojo, eneldo, albahaca o mejorana, entre otras.
- También puede utilizarse sin desleír como una vinagreta. Queda más espeso y aporta textura y aderezo al mismo tiempo.
- Podemos prepararlo asimismo con manzanas reinetas en sorbete.
- En el montaje del plato se puede emplear aceite de aceitunas negras o una *tapenade*.

Este gazpacho es tradicional de la provincia de Huelva.

GAZPACHO CON HUEVO

INGREDIENTES
Para 3 litros

Para el gazpacho

- 1 kg de tomates bien maduros
- 150 g de pepino
- 90 g de cebolla
- 200 g de pimiento verde
- 1 diente de ajo
- 300 g de mayonesa de aceite de oliva
- 150 g de pan candeal de dos días
- 5 dl de aceite de oliva virgen extra de primera presión en frío, preferentemente de la variedad cornicabra
- 1 dl de vinagre de Jerez
- 1 l de agua o de caldo de cocción de los moluscos
- Sal, pimienta

Para la guarnición

- 200 g de gambas
- 300 g de berberechos
- 500 g de mejillones enteros

ELABORACIÓN

Quitar las cabezas a las gambas, sacarles el jugo, colarlo y añadirlo a la mayonesa.
Cocer los moluscos y las gambas (con el resto de las cabezas) en el agua, colar y reservar. Separar las conchas de los moluscos y pelar las gambas.
Lavar los tomates y el pimiento, cortarlos en trozos junto con el pepino (eliminar los extremos), el ajo y las cebollas. Remojar el pan en el vinagre.
Introducir todo en un recipiente hermético junto con la mitad del aceite de oliva. Salar y guardar en el frigorífico 12 horas. Verter en el vaso del robot, triturar y emulsionar con el resto del aceite. Colar y reservar en frío.
Colocar la mayonesa en el vaso del robot y, a baja velocidad, añadir poco a poco la preparación anterior, como si prolongáramos el montado de la mayonesa.
Desleír con el agua de cocción de los moluscos, hasta lograr la textura deseada. Reservar en el frigorífico hasta el momento de servir.

PRESENTACIÓN

Servir en boles o platos soperos, colocando en el fondo algunos mejillones, gambas y berberechos. Decorar con un hilo de aceite de oliva y presentar el resto del gazpacho en una sopera.

SUGERENCIAS

- Esta preparación «de gala» permite variar los ingredientes dependiendo del mercado y de la temporada, pudiendo emplear cangrejo, langosta, percebes o incluso jamón.
- Se puede sazonar con albahaca u otra hierba, o añadir un hilo de aceite de especias con anís.
- En esta receta, el huevo está integrado en la mayonesa. Otra posibilidad es sustituir ésta por seis yemas.

GAZPACHO DE CILANTRO Y LECHUGA

INGREDIENTES

Para 3 litros

- 600 g lechuga romana
- 300 g lechuga rizada
- 80 g de cebolleta
- 60 g de cilantro
- 1 diente de ajo
- 300 g de pan de avena
- 3,5 dl de aceite de oliva virgen extra de primera presión en frío, preferentemente de la variedad picual-picudo
- 1,5 dl de vinagre de cava
- 1,5 l de agua
- Sal, pimienta

ELABORACIÓN

Lavar las lechugas, secarlas, retirar las hojas exteriores, partirlas en trozos y reservar. Lavar las cebolletas y el cilantro, y eliminar las partes más fibrosas.

Blanquear las lechugas y el cilantro en agua hirviendo 10 segundos y enfriar inmediatamente en agua helada.

Remojar el pan en el vinagre e introducirlo en un recipiente hermético con las lechugas, las cebolletas, el ajo, la mitad del aceite de oliva y el cilantro. Salar y dejar marinar 3 horas en el frigorífico.

Introducir en el vaso del robot y triturar. Emulsionar con el resto del aceite y diluir con el agua.

Guardar en el frigorífico hasta servir.

SUGERENCIA

- Unos ravioles de queso y unas virutas de parmesano muy finas pueden completar la presentación de este gazpacho.

En todos los gazpachos de hierbas y lechuga es muy importante tener la precaución de no colar la preparación, pues la oxidación de los vegetales es más rápida al contacto con el metal, incluido el acero inoxidable, y el color se pierde rápidamente.

Gazpachos contemporáneos

Sólo deseo mostrar al lector una técnica con algunas asociaciones.
Tanto el montaje como la definición de cada receta están abiertos a su imaginación

GAZPACHO DE FRESAS

INGREDIENTES

Para 3 litros

- 1 kg de fresas maduras
- 100 g de cebolletas nuevas
- 200 g de miga de pan de molde tipo inglés
- 4,5 dl de aceite de oliva virgen extra de primera presión en frío, preferentemente de la variedad arbequina
- 1,5 dl de vinagre de fresas
- 1 l de agua
- Sal, pimienta
- 30 g de hojas de menta

ELABORACIÓN

Limpiar y lavar las fresas, calculando una por comensal. Escurrirlas, cortarlas por la mitad y reservar.
Pelar las cebolletas y sumergirlas 30 minutos en agua fría.
Remojar el pan en el vinagre e introducir en un recipiente hermético junto con la mitad de las fresas, las cebolletas, la mitad del aceite de oliva y la sal. Guardar en el frigorífico 5 horas.
Volcar en el vaso del robot, triturar y emulsionar con el resto del aceite. Desleír con el agua hasta obtener la textura deseada y añadir las hojas de menta cortadas con los dedos en trocitos pequeños. Rectificar de sal.
Al servir, colocar el resto de las fresas en el plato de cada comensal, cubrir con el gazpacho y añadir pimienta.
En esta preparación la pimienta es fundamental. Hay que molerla gruesa y en el último momento.

SUGERENCIAS

- Acompañar con una rodaja de pan tostado con una fresa *sucada* (frotada), untada con aceite de oliva y flor de sal, como si se tratase de un *pa amb tomaca.*
- Se pueden triturar todas las fresas para beberlo en vaso, o también prepararlo con fresas y tomates a partes iguales.
- Este gazpacho se puede servir antes del postre.

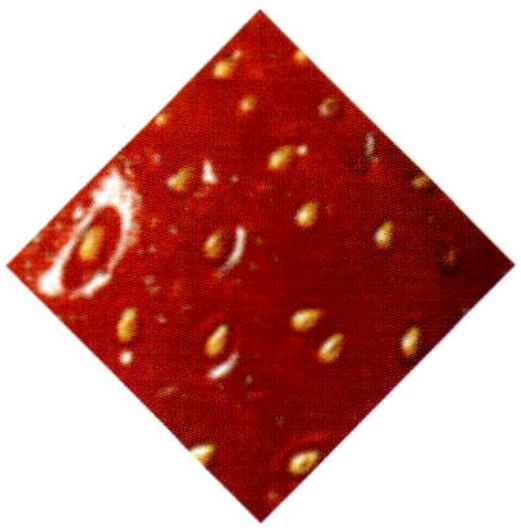

GAZPACHO ANDALUZ CONFITADO

INGREDIENTES
Para 2,5 litros

Para el gazpacho

- 250 g de pepinos
- 200 g de pan de *baguette* frito
- 5,6 dl de aceite de oliva virgen extra de primera presión en frío, preferentemente de la variedad picudo o cornicabra
- 1 dl de vinagre de Jerez reserva 50 años
- 1,2 l de agua
- Sal, pimienta

Para el confitado de las verduras

- 1 kg de tomates maduros
- 300 g de cebollas
- 100 g de pimiento verde
- 100 g de pimiento rojo
- 1 diente de ajo
- 2 hojas de laurel, 1 brizna de tomillo y otra de romero
- 30 g de azúcar de caña
- 2 dl de aceite de oliva (de la misma variedad)
- 0,2 dl de vinagre de Jerez (de la misma variedad)
- Sal, pimienta

ELABORACIÓN

Lavar, pelar y retirar la piel y las pepitas a los tomates y pimientos, pelar las cebollas y cortarlas en rodajas.
Confitar durante 4 horas en horno a 60° junto con el ajo, el laurel, el tomillo, el romero, el azúcar, la sal, la pimienta, el aceite y el vinagre. Dejar enfriar y reservar.
Introducir en el vaso del robot el pan previamente remojado en el vinagre, el pepino sin piel ni pepitas y todo el confitado, incluido el líquido. Salar, triturar y emulsionar con el aceite. Desleír con el agua y colar.
Añadir pimienta y servir bien frío. Se puede reservar una pequeña cantidad de verduras confitadas como guarnición.

SUGERENCIAS

- Para el montaje de este plato podemos utilizar una *quenelle* de brandada de bacalao.
- Otra opción es incluir unas habitas a la menta.

En las recetas en que hay que calentar el aceite (60-70 °C), es preciso utilizar aquellas variedades que toleran el calor sin dañar sus cualidades, como cornicabra o picual-picudo. No conviene superar esta temperatura, pues se corre el riesgo de perder la sutileza del sabor y los perfumes que caracterizan a estos aceites.

GAZPACHO DE MANZANAS CON PIÑONES

INGREDIENTES

Para 3,5 litros

- 2 kg de manzanas reinetas peladas, sin pepitas y cortadas en cuartos
- 250 g de piñones de pino
- 250 g de pan tostado
- 5 dl de aceite de oliva virgen extra de primera presión en frío
- 1 dl de vino blanco de retsina (griego)
- 1 dl de vinagre de sidra
- 2 dl de agua
- Sal

ELABORACIÓN

Introducir en un recipiente hermético todos los ingredientes, salar y mezclar bien. Guardar en el frigorífico 12 horas. Pasar los sólidos al vaso del robot y triturar con ayuda de un poco del líquido de la marinada. Emulsionar con el resto y diluir con el agua. Colar y servir.

SUGERENCIAS

- Esta receta también se puede preparar con otras variedades de manzana.
- Otra posibilidad es añadir pescados ahumados en dados.
- El vino blanco de retsina se puede sustituir por un vinagre de sidra.
- Sin diluir, y bien espeso, puede servir para acompañar rodajas de morcilla de Burgos.
- Las huevas de arenque con la manzana verde Granny Smith constituyen una agradable combinación.

GAZPACHO DE PEPINO, MIEL, APIO, HINOJO Y MENTA

INGREDIENTES

Para 2 litros

- 800 g de tallo de apio, sin hilos
- 800 g de bulbo de hinojo, lo más limpio posible
- 300 g de pepinos
- 100 g de miel
- 125 g de piñones de pino fritos
- 40 g de hojas de menta
- 100 g de miga de pan brioche
- 3,5 dl de aceite de oliva virgen extra de primera presión en frío, preferiblemente de la variedad arbequina
- 0,8 dl de vinagre de Jerez
- 6 dl de agua
- Sal, pimienta

ELABORACIÓN

Lavar el apio y los hinojos, retirarles los hilos y cortarlos en tiras. Blanquear junto con la menta en agua hirviendo durante 1 minuto y enfriarlos rápidamente en agua helada. Retirar y reservar.

Remojar el pan en el vinagre y guardarlo en un recipiente hermético en el frigorífico durante 12 horas junto con las verduras blanqueadas, el pepino sin piel ni pepitas, los piñones fritos, la mitad de la menta, la miel, la mitad del aceite de oliva y la sal.

Introducir en el vaso del robot junto con la menta restante y triturar. Emulsionar con el resto del aceite de oliva. Desleír con el agua, rectificar de sal, colar y guardar en el frigorífico.

Añadir pimienta y servir.

SUGERENCIAS

- Podemos completar este gazpacho con semillas de hinojo tostadas.
- En el montaje, existe la posibilidad de jugar con más hierbas frescas para decorar.
- El agua que añadimos para desleír puede ser una infusión hecha con los restos de la menta, el hinojo y el apio.
- Por su frescor y su ligero sabor anisado-mentolado, este gazpacho puede servirse antes de un plato de pescado, a modo de tapa, para limpiar y refrescar el paladar.

SALMOREJO CON FINO DE MONTILLA

INGREDIENTES
Para 2 litros

Para el gazpacho

- 1,3 kg de tomates maduros
- 6 huevos duros
- 300 g de pan candeal
- 3 dl de aceite de oliva virgen extra de primera presión en frío
- 1,5 dl de vino fino de Montilla (Pedro Ximénez)
- Sal, pimienta

Para la guarnición por comensal

- 1 huevo escalfado
- 15 g de jamón ibérico de bellota en taquitos

ELABORACIÓN

Pelar y retirar las pepitas a los tomates e introducirlos en un recipiente hermético junto con el pan remojado en el fino, los huevos duros y la mitad del aceite de oliva. Salar y reservar en el frigorífico 6 horas.
Volcar en el vaso del robot, triturar y emulsionar con el resto del aceite de oliva. Pasar por el colador y guardar en el frigorífico.
Añadir pimienta y servir.
Es recomendable tomarlo bien espeso, sin desleír, como una crema.
Para la presentación, colocar un huevo escalfado caliente en cada plato, cubrir con el gazpacho y decorar por encima con los taquitos de jamón.

SUGERENCIAS

- El tomate seco e hidratado realza el sabor, por lo que podemos sustituir por éste un tercio del tomate fresco.
- En el montaje del plato, se puede sustituir el jamón por una pechuga de ave escabechada cortada en dados.
- Asimismo, el huevo puede ser duro en lugar de escalfado.
- También lo podemos diluir con agua u otro líquido, dejando una textura de sopa.

En este gazpacho, el vinagre se sustituye por el fino de Montilla, de la variedad Pedro Ximénez. El vino fino le aporta una gran riqueza y es recomendable servirlo también como bebida. Lo creamos con motivo de la presentación en París de la D.O. Montilla-Moriles.

GAZPACHO DE ROPA VIEJA

INGREDIENTES
Para 2 litros

- 300 g de garbanzos
- 200 g de repollo
- 50 g de puerro
- 50 g de zanahoria
- 170 g de patata
- 100 g de miga de pan
- 4 dl de aceite de oliva virgen extra de primera presión en frío
- 0,4 dl de vinagre de Jerez
- 8 dl de caldo de cocido
- Sal, pimienta
- 1 g de pimentón de la Vera dulce

ELABORACIÓN

Remojar el pan en el vinagre e introducir todos los ingredientes en el vaso del robot, excepto el aceite y el caldo. Triturar hasta que quede bien fino y emulsionar con el aceite como si se tratase de una mayonesa.
Desleír con el caldo. Rectificar de sal, añadir pimienta y colar.
Servir frío con unas gotas de aceite de oliva por encima.

SUGERENCIA

- Los restos de carne se pueden picar y servir por encima.

Se trata de una versión líquida de la «ropa vieja», que resulta de aprovechar los restos «intencionados» del cocido madrileño. En la «cocina de restos intencionados», el excedente para elaborar un nuevo plato se puede prever intencionadamente si se prepara la receta madre –en este caso, el cocido– en cantidad suficiente.

GAZPACHO DE ANCHOAS Y COGOLLOS DE TUDELA

INGREDIENTES

Para 1 litro

- 450 g de cogollos de Tudela
- 50 g de anchoas en salazón en aceite de oliva
- 50 g de miga de pan
- 1,2 dl de aceite de oliva virgen extra de primera presión en frío
- 0,5 dl de vinagre de chardonnay
- 20 dl de agua
- Sal, pimienta

ELABORACIÓN

Lavar los cogollos y escurrirlos.
Remojar el pan en el vinagre e introducirlo en el vaso del robot con los cogollos partidos en cuatro, la mitad del aceite de oliva y las anchoas limpias sin espinas.
Triturar todo, emulsionar con el aceite de oliva restante y desleír con el agua. Rectificar de sal, cuidando de no pasarse, ya que las anchoas contienen bastante.
Añadir pimienta y servir bien frío.
No es conveniente colar este gazpacho, pues el contacto con el metal produciría una oxidación muy rápida.

SUGERENCIAS

- El montaje puede hacerse con anchoas.
- Resulta excelente como tapa en vasito al inicio de unas rondas de tapas, y acompañada con una manzanilla pasada se prolongan las notas verdes y yodadas de la lechuga.
- Al servirse en vaso, este gazpacho adquiere otra dimensión que si se toma con cuchara; los sorbos más grandes confieren mayor intensidad al sabor marino.

Esta receta se le ocurrió a mi esposa en un bar de tapas en San Sebastián. Se trata del prólogo a la última copa, después de una larga noche, a modo de desayuno tempranero. El sabor clásico de los cogollos con anchoas con otra textura.

FILETES DE ANCHOAS
DEL CANTABRICO
EN ACEITE DE OLIVA

GAZPACHO DE COLIFLOR Y ACEITE DE SÉSAMO

INGREDIENTES

Para 2 litros

- 850 g de coliflor
- 2 dl de leche entera
- 100 g de queso fresco cremoso
- 40 g de sésamo tostado
- 100 g de pan de sésamo
- 1 dl de aceite de sésamo tostado
- 0,6 dl de vinagre de arroz
- 7 dl de agua
- Sal, pimienta

ELABORACIÓN

Cocer la coliflor cortada en trozos con la leche en una cacerola. Es conveniente taparla con film plástico y cocinarla a fuego muy lento. Colar y reservar la poca cantidad de leche que quede.

Remojar el pan en el vinagre e introducirlo en un recipiente hermético con la coliflor, el queso, el sésamo y la sal. Mover bien y guardar 12 horas en el frigorífico.

Triturar toda la maceración y emulsionar con el aceite de sésamo, añadir pimienta y rectificar de sal.

Desleír con la leche y el agua. Colar y guardar en el frigorífico hasta el momento de servir.

SUGERENCIA

- Este gazpacho se puede presentar con unas *quenelles* de pescado blanco, o también con uvas pasas hidratadas y picadillo de hierbas frescas, cilantro, perifollo o cebollino.

GAZPACHO GRANIZADO DE SANDÍA Y FRESA CON CHAMPÁN ROSADO

INGREDIENTES
Para 2 litros

- 500 g de sandía
- 1 kg de fresas bien maduras
- 90 g de miga de pan brioche, sin corteza
- 1,2 dl de aceite de oliva virgen extra de primera presión en frío
- 0,5 dl de vinagre de champán
- 1/ 2 botella de champán rosado Gosset
- Sal, pimienta
- 100 g azúcar

ELABORACIÓN

Limpiar las fresas, cortarlas por la mitad y reservar aparte 400 g.
Marinar en el frigorífico durante 3 horas en un recipiente hermético las fresas, la sandía cortada en taquitos, el pan remojado en el vinagre, el azúcar, la sal y la mitad del aceite de oliva.
Volcar la marinada en el vaso del robot, triturar y emulsionar con el resto de aceite. Pasar por un colador fino.
Meter en el congelador e ir rompiendo las capas de hielo con un tenedor cada 20 minutos hasta que todo esté bien granizado, en pequeños cristales.
En el momento del montaje, colocar en copas el granizado de gazpacho y las fresas reservadas y, por último, cubrir con el champán. Servir rápidamente, pues es importante degustar esta preparación a medida que se deshace el gazpacho granizado.

Es un gazpacho de bar, ideal para degustar de pie.
En cierto modo, el trabajo del chef y el del barman van unidos. Lo mismo ocurre con la relación entre el chef y el pastelero: la elaboración de los postres prolonga con sutileza cómplice el concepto del menú.

Dedicado a Santiago, amigo que ejerce en la taberna Jovi, en Cuenca, en agradecimiento por los maravillosos gin-tonics que disfruté en su casa.

CHAMPAGNE GOSSET
AY
1584

GAZPACHO DE TOMATE, CEBOLLA Y CARABINEROS

INGREDIENTES
Para 1,5 litros

Para el confitado

- 1 kg de tomates
- 200 g de cebolletas nuevas
- 1 diente de ajo
- 100 g de aceite de oliva virgen extra de primera presión en frío
- 2 hojas de laurel
- 1 brizna de tomillo
- 50 g de azúcar morena
- 25 g de sal

Para el gazpacho

- 600 g de carabineros
- 200 g de mayonesa de aceite de oliva
- 90 g de miga de pan negro
- 3 dl de aceite de oliva virgen extra de primera presión en frío, preferentemente de la variedad cornicabra
- 0,8 dl de vinagre de Jerez de solera de 25 años
- 5 dl de agua
- 15 g de sal gruesa, pimienta

Para la guarnición por comensal

- 50 g de verduras –zanahoria, pimiento verde, calabacín, apio y nabo– en daditos *(brunoise)* y blanqueadas

ELABORACIÓN

Gazpacho

Confitar durante 4 horas en horno a 80° los tomates pelados y sin pepitas junto con el resto de los ingredientes. Colar y reservar el líquido.

Cocer los carabineros en agua, enfriar en agua con hielo y limpiarlos. Reservar el jugo de las cabezas y el agua de cocción.

Introducir en el vaso del robot el confitado, el pan remojado en el vinagre y el jugo de las cabezas. Triturar y emulsionar con el aceite de oliva, colar y reservar. Salar y añadir pimienta.

Limpiar bien el vaso del robot e introducir la mayonesa. Verter en hilo el gazpacho colado, mezclando a baja velocidad, como si continuáramos montando la mayonesa, hasta que quede todo integrado. Guardar en el frigorífico.

Montaje

Poner en platos hondos las verduras extendidas por el fondo y, encima, los carabineros. Decorar con un cordón de aceite de oliva.

Una vez presentado el plato al comensal, se le sirve el gazpacho en una jarrita o se deja que se sirva de una sopera con un cazo a su gusto, «a la rusa».

GAZPACHO DE PIÑONES

INGREDIENTES

Para 2 litros

- 500 g de piñones de pino
- 200 g de pan de cereales
- 4 dl de aceite de oliva virgen extra de primera presión en frío
- 1 dl de vino blanco de retsina
- 1 dl de vinagre de Jerez Pedro Ximénez
- 1,4 l de agua
- Sal, pimienta

ELABORACIÓN

Remojar el pan en el vino e introducirlo en un recipiente hermético junto con los piñones, la sal y la mitad del aceite de oliva. Dejar reposar 12 horas en el frigorífico.
Volcar en el vaso del robot, triturar y emulsionar con el aceite restante. Desleír con el agua y el vinagre y colar.
Guardar en el frigorífico hasta el momento de servir.

SUGERENCIA

- Las frutas, al natural o en sorbete, constituyen un muy buen acompañante de este gazpacho, especialmente los higos, pelados y bien maduros.

De nuevo volvemos a utilizar vino en un gazpacho. Esta vez se trata de retsina, preferentemente joven, que intensifica el gusto del piñón alargando y redondeando su paso en la boca. Es también la bebida ideal para acompañar este gazpacho.

GAZPACHO DE TOMATE, FRESAS Y ROSAS

INGREDIENTES

Para 2,5 litros

- 1 dl de agua de rosas
- 0,5 dl de sirope de fresas
- 7 dl de agua
- 500 g de tomates
- 600 g de fresas
- 80 g de cebolletas nuevas
- 200 g pan brioche
- 3 dl de aceite de oliva extra virgen de primera presión en frío
- 0,5 dl de vinagre de cabernet sauvignon muy añejo
- Sal, pimienta

ELABORACIÓN

Lavar y limpiar los tomates, las fresas y las cebolletas.

Introducir en un recipiente hermético el agua de rosas con las fresas partidas en dos, el sirope, los tomates sin piel ni semillas cortados en rodajas, las cebolletas nuevas cortadas, el vinagre y el pan. Dejar macerar en el frigorífico durante 2 horas.

Introducir toda la mezcla anterior en el vaso del robot, triturar y emulsionar con el aceite de oliva. Salar y agregar pimienta recién molida. Desleír con el agua.

Colar y conservar en frío hasta el momento de servir.

SUGERENCIAS

- Se puede decorar con pétalos secos de rosa, pasados por clara de huevo y secados al horno a 50°C durante 6 horas. Las rosas deben ser de cultivo biológico, sin productos químicos que puedan resultar tóxicos.

Éste es un gazpacho para tomar entre comidas, servido en vaso largo, o para meriendas estivales en tardes de calor.

GAZPACHO DE TOMATE, SANDÍA Y ALBAHACA

INGREDIENTES

Para 3 litros

- 1 kg de tomates
- 2 kg de sandía
- 100 g de cebolletas nuevas
- 40 g de hojas de albahaca
- 400 g de miga de pan de molde tipo inglés
- 5 dl de aceite de oliva virgen extra de primera presión en frío
- 1 dl de vinagre de vino blanco
- 2,5 dl de agua
- Sal, pimienta

ELABORACIÓN

Blanquear la albahaca y reservar.
Pelar las cebolletas, lavar los tomates y trocearlos. Reservar algunos gajos.
Cortar la sandía en dados grandes y reservar algunos de la parte del centro sin pepitas.
Marinar la sandía que no hemos reservado con los tomates, las cebolletas, el pan remojado en vinagre, sal, pimienta y la mitad del aceite de oliva. Dejar 12 horas en un recipiente hermético.
Introducir en el vaso del robot la marinada con la albahaca, triturar y emulsionar con el aceite de oliva. Diluir con el agua hasta lograr la textura deseada. Añadir pimienta, colar y guardar en el frigorífico.
Para la presentación, servir en los platos con la sandía en dados, los gajos de tomate, hojas de albahaca, aceite, pimienta y flor de sal.

SUGERENCIAS

- Se pueden preparar unas brochetas con tomates cherry y sandía en dados.
- Decorar con hojas de albahaca fritas.

A Michel Bras, cocinero en Laguiole.

GAZPACHO DE CALABAZA ASADA, MEJILLONES Y JENGIBRE

INGREDIENTES

Para 2 litros

- 700 g de calabaza
- 400 g de mejillones de roca
- 50 g de jengibre
- 15 g de cebollino
- 50 g de pipas de calabaza tostadas y peladas
- 200 g de miga de pan de cereales
- 3 dl de aceite de oliva perfumado al ajo
- 0,5 dl de vinagre de jengibre
- 8 dl del agua de cocción de los mejillones
- Sal, pimienta

ELABORACIÓN

Abrir los mejillones en una cacerola sin agua, quitarles la concha, colar y reservar el líquido resultante de la cocción.

Asar la calabaza y cortarla en daditos. Introducirla en un recipiente hermético junto con la mitad de los mejillones, el pan de cereales remojado en el vinagre, 40 g de jengibre, la mitad del agua y la sal. Guardar en el frigorífico durante 12 horas.

Triturar todo, emulsionar con el aceite de oliva y diluir con el resto del agua de la cocción. Colar y reservar en el frigorífico.

En el momento de servir, añadir pimienta y decorar con los mejillones restantes, el cebollino finamente picado, el resto del jengibre y las pipas de calabaza.

SUGERENCIA

- Éste es un gazpacho de invierno, muy interesante para servirlo como tapa o bien entre dos platos, antes de una carne. El jengibre le aporta una nota exótica, y puede acompañarse con un vodka o un aguardiente seco, bien frío.

GAZPACHO DE CEREZA

INGREDIENTES

Para 1 litro

- 500 g de cerezas bien maduras
- 100 g de pan de sésamo tostado
- 1,5 dl de aceite de oliva virgen extra de primera presión en frío
- 0,4 dl de vinagre añejo de cabernet sauvignon
- 2 dl de agua mineral con gas
- Sal, pimienta

ELABORACIÓN

Macerar las cerezas con el vinagre, la sal, la pimienta y la mitad del aceite de oliva, durante 12 horas en un recipiente hermético.

Introducir la marinada en el vaso del robot, triturar y emulsionar con el resto del aceite. Rectificar de sal. Colar y guardar en el frigorífico.

Para servirlo, diluir el gazpacho con el agua mineral bien fría hasta obtener una textura de sopa ligera, sin romper la emulsión.

SUGERENCIAS

- Podemos elegir dos tipos de cerezas diferentes, una para la guarnición y otra para el gazpacho.
- También se pueden rellenar las cerezas con un pescado en conserva –por ejemplo, boquerones en vinagre– y servirlas de guarnición.

GAZPACHO DE TOPINAMBUR (PATACA), ALMENDRAS Y GAMBAS

INGREDIENTES

Para 2,5 litros

- 800 g de pataca
- 400 g de gambas blancas de Huelva
- 50 g de almendras peladas
- 150 g de pan candeal
- 3 dl de aceite de oliva virgen extra de primera presión en frío, preferentemente de la variedad arbequina
- 1 dl de vinagre de sidra
- 2 l de agua
- Sal, pimienta

ELABORACIÓN

Cocer las patacas en agua, enfriar, pelar y reservar.
Quitar la cabeza a las gambas, extraer el jugo y reservarlo. Cocer muy ligeramente las colas de las gambas, con el resto de las cabezas, en medio litro de agua, retirar y enfriar. Reservar el agua de la cocción.
Marinar durante 6 horas en un recipiente hermético las patacas, el pan remojado en el vinagre, las almendras, la mitad del aceite de oliva, el jugo de las cabezas de las gambas y la sal.
Introducir en el vaso del robot la marinada, triturar y emulsionar con el aceite de oliva restante. Desleír con el agua de cocción de las gambas (la textura debe ser cremosa).
Pasar por un colador y servir. Las colas de las gambas pueden servirse como guarnición con pan frito en dados.

SUGERENCIAS

- Podemos servirlo tibio con acompañamiento de dados de pan frito.

La pataca es un tubérculo olvidado, evocador de la posguerra, de tiempos difíciles y de escasez, pero con gran futuro en los fogones. Con un sabor a medias entre la alcachofa y la patata, ofrece increíbles posibilidades de combinación, con la ventaja de tener un grado de oxidación mucho menor que la alcachofa.

GAZPACHO DE MANGO

INGREDIENTES

Para 2,2 litros

- 800 g de mango
- 50 g jengibre fresco
- 1 bolsita de té de jengibre
- 10 g de eucalipto
- 50 g de pan de miga sin corteza
- 1,8 dl de aceite de oliva virgen extra de primera presión en frío
- 0,4 dl de vinagre de mango
- 1,2 l de agua
- Sal, pimienta

ELABORACIÓN

Pelar el mango y cortarlo en trozos regulares. Pelar el jengibre y cortarlo en juliana.
Infusionar en el agua el té con las pieles de mango y el eucalipto, y dejar enfriar tapado.
Remojar el pan en el vinagre, e introducir ambos en un recipiente hermético con el mango, el jengibre y la mitad del aceite. Salar y guardar en la nevera durante 12 horas.
Pasar la preparación anterior al vaso del robot, triturar y emulsionar con el resto del aceite. Desleír con el té.
Añadir pimienta y servir en vaso o cuenco para beberlo sin cuchara.

SUGERENCIAS

- Una vez servido el gazpacho en un plato hondo, preparar una rueda de hierbas y especias, dispuestas en el sentido de las agujas del reloj, pensando en una degustación *in crescendo*.
- Cabe la posibilidad de emplear semillas de hinojo, un trocito de hinojo fresco, anís, eneldo fresco, etcétera.

GAZPACHO DE MELÓN CON JAMÓN

INGREDIENTES

Para 2 litros

- 500 g de melón amarillo de Villaconejos
- 500 g de melón anaranjado
- 20 g de jamón ibérico
- 30 g de hojas de menta
- 400 g de miga de pan de semillas de girasol
- 2,5 dl de aceite de oliva virgen extra de primera presión en frío
- 0,7 dl de vinagre de cava
- 200 g de consomé clarificado de jamón
- 25 g de sal
- Pimienta al gusto

ELABORACIÓN

Partir los melones, quitarles las pepitas y, con un sacabolas, formar unos 10 ñoquis por comensal. Reservar en el frigorífico.

Cortar el resto del melón en dados e introducirlo en un recipiente hermético junto con la mitad del aceite, la mitad de la menta y la miga de pan remojada en el vinagre. Salar y reservar 12 horas en el frigorífico.

Volcar en el vaso del robot y triturar. Emulsionar con el aceite y desleír con el consomé de jamón.

Colar, añadir pimienta y servir decorado con el jamón cortado en juliana, los ñoquis de melón y las hojas de menta cortadas a mano.

SUGERENCIAS

- Se puede servir en una mitad de melón vaciado o, si es grande, usar medio como sopera.
- Si se monta en un plato sopero, pueden servirnos unas cortecitas crocantes del jamón, o curruscos de pan, con la grasa rosadita del jamón, tostadas hasta que ésta desaparezca.

GAZPACHO DE BERBERECHOS, ALMENDRAS VERDES Y VERBENA

INGREDIENTES

Para 2,5 litros

- 1,4 kg de berberechos
- 0,5 dl de vinagre de vino blanco
- 50 g de sal gruesa
- 25 g de verbena fresca
- 500 g de almendras verdes
- 250 g de pan de cebolla
- 4 dl de aceite de oliva de primera presión en frío, preferiblemente de la variedad arbequina
- 1 dl de vermú blanco seco Izaguirre
- 1 l de agua
- 60 g de pan de cebolla, cortado en dados y frito en aceite de oliva
- Sal, pimienta

ELABORACIÓN

Poner los berberechos a purgar en el frigorífico con la sal gruesa y el vinagre blanco durante 6 horas.

Para abrirlos, sumergirlos en un litro de agua hirviendo durante 30 segundos. Tener la precaución de hacerlo por tandas –unas 10 aproximadamente–, para que la temperatura del agua no descienda y no se interrumpa la ebullición. Retirar las conchas y reservar algunos berberechos para decorar.

Colar el agua e infusionar en ella la verbena; una vez fría pasar por un cedazo.

En un recipiente hermético, poner a marinar al frío durante 12 horas las almendras (reservar algunas para la decoración), los berberechos, el pan remojado en el vermú blanco, el vinagre, la mitad del aceite de oliva y la sal.

Introducir la preparación en el vaso del robot, triturar y emulsionar con el aceite. Desleír con la infusión de verbena.

En el momento de servir, colocar en cada plato unas almendras, unos berberechos y unos dados de pan y cubrir con el gazpacho.

SUGERENCIAS

- Añadir caviar, huevas de pescado, de erizos, o servir con mojama o huevas prensadas cortadas muy finas.
- También podemos usar aceite de verbena.

GAZPACHO DE REMOLACHA

INGREDIENTES

Para 3 litros

- 1 kg de remolachas rojas
- 500 g de tomate maduro
- 100 g de pistachos tostados
- 50 g de pimiento verde
- 200 g de miga de pan de cereales
- 4 dl de aceite de oliva virgen extra de primera presión en frío
- 1,8 dl de vinagre de Jerez 25 años
- 1 l de agua
- Sal, pimienta

ELABORACIÓN

Introducir en un recipiente hermético la remolacha cocida, pelada y cortada en dados, el tomate, el pimiento pelado y cortado en trozos, el pan remojado en el vinagre, el vinagre, los pistachos y la mitad del aceite de oliva. Salar y guardar en el frigorífico durante 6 horas.

Verter en el recipiente del robot y triturar. Emulsionar con el resto del aceite, desleír con el agua y colar.

Decorar con algunos pistachos y un cordón de aceite de oliva.

Las remolachas deben sumergirse en vinagre blanco antes de cocerlas para quitarles el sabor a tierra.

SUGERENCIA

- La asociación de este gazpacho con queso azul resulta sorprendente. El queso puede presentarse en *mousse*, helado o dados.

Esta receta se la dedico a Alain Dutournier, cocinero en París. Una reflexión suya a propósito de la cultura de cada plato me inspiró este primer gazpacho con ingredientes cocidos.

GAZPACHO DE TOMATES, PIMIENTOS DEL PIQUILLO Y BACALAO CONFITADOS

INGREDIENTES

Para 2 litros

Para el gazpacho

- 500 g de tomates maduros
- 100 g de cebolletas nuevas
- 200 g de pimientos del piquillo
- 400 g de bacalao desalado
- 80 g de pan blanco «sobao»
- 2 dl de aceite de oliva virgen extra de primera presión en frío, preferentemente de la variedad cornicabra
- 0,80 dl de coñac Frapin
- 30 dl de agua
- Sal, pimienta

Para el confitado

- 1,5 dl de aceite de oliva virgen extra de primera presión en frío, preferiblemente de la variedad cornicabra
- 25 g de sal
- 25 g de azúcar morena
- hierbas (2 hojas de laurel, 1 brizna de romero, 1 brizna de tomillo)
- 1 diente de ajo
- 1 cucharada sopera de salsa de soja
- 0,5 dl de vinagre de cabernet sauvignon

ELABORACIÓN

Confitar en el horno durante 4 horas a 60 °C el bacalao, los tomates y los pimientos pelados y sin semillas, las cebolletas, el ajo, las hierbas, el azúcar, la sal, la salsa de soja, el vinagre y el aceite de oliva. Colar y reservar el líquido. Introducir en el vaso del robot las verduras, el pescado, el pan remojado en agua fría y escurrido, y el coñac. Triturar muy fino y emulsionar con el líquido de la cocción y el aceite.

Desleír con el agua.

Es muy importante no colar este gazpacho.

SUGERENCIAS

- Se puede hacer un crujiente con la piel del bacalao, o incluso servir con una tajada de bacalao desmigada o una *quenelle* de brandada.
- Añadir un hilo de un aceite de aceitunas negras secas o un cordón de salsa pil-pil tibia.

A Gérard Allemandou, del restaurante La Cagouille, gran especialista en coñac, para poner un acento andaluz en su Charentes natal.

GAZPACHO DE FICOIDE GLACIAL

INGREDIENTES

Para 3 litros

- 1 kg de ficoide glacial
- 100 g de miga de pan brioche
- 5 dl de aceite de oliva extra virgen de primera presión en frío
- 0,8 dl de vinagre de cava
- 2, l de agua

ELABORACIÓN

Quitar las partes más fibrosas de las hojas del ficoide, lavarlas y escurrirlas.
Colocarlas en un recipiente hermético con el pan remojado en el vinagre y la mitad del aceite. Salar y guardar una hora al frío.
Introducir todo en el vaso del robot, triturar y emulsionar con el resto del aceite. Desleír y rectificar de sal.
Reservar en el frigorífico, añadir pimienta y servir.

SUGERENCIAS

- Se puede añadir una pequeña bolita de queso cremoso en el plato de cada comensal.
- Servir con helado de almendras, pan de especias, crocantes de pan o helado de pan de especias.
- Cambiando el ficoide por rúcula y sin desleír, incluso añadiendo 60 g de queso rallado, obtendremos un gazpacho que puede usarse como vinagreta.

GAZPACHO DE ZANAHORIA, NARANJA, AZAFRÁN Y MENTA

INGREDIENTES

Para 2 litros

- 600 g de zanahorias
- 500 g de naranjas
- 0,25 g de azafrán D.O. La Mancha molido y dos pistilos tostados por comensal
- 30 g de hojas de menta
- 70 g de pan de pasas
- 2 dl de aceite de nuez
- 0,6 dl de vinagre de chardonnay
- 2 dl de zumo de naranja
- Sal, pimienta

ELABORACIÓN

Pelar las zanahorias y cortarlas en rodajas, cocerlas y enfriarlas en agua con hielo para detener la cocción. Reservar.
Pelar las naranjas a vivo, cortarlas en rodajas grandes y reservar.
Remojar el pan en el vinagre e introducir en un recipiente hermético junto con las zanahorias, las naranjas, la sal y pimienta. Dejar en el frigorífico 12 horas.
Triturarlo todo y emulsionar con el aceite de oliva.
Agregar el azafrán molido y desleír con el zumo de naranja hasta obtener la densidad de una sopa.
Pasar por un colador fino y reservar en el frigorífico.
En el momento de servir, agregar la menta cortada a mano en trocitos pequeños. Mezclar bien y decorar con los pistilos de azafrán tostados.

SUGERENCIAS

- Es un gazpacho perfecto para antes del postre; no es azucarado, aunque puede admitir azúcar o miel. También puede sustituirse la naranja por otro cítrico, o bien añadirlo a ésta.
- La canela molida o el anís pueden aportar más contrastes.
- El pan de pasas puede sustituirse por bizcochos o soletillas.

GAZPACHO DE GUISANTES Y MENTA

INGREDIENTES

Para 2,5 litros

- 450 g de guisantes
- 80 g de hojas de menta
- 40 g de orégano fresco
- 100 g de miga de pan integral
- 2 dl de aceite de oliva virgen extra de primera presión en frío
- 0,6 dl de vinagre de chardonnay
- 5 dl de agua
- Sal, pimienta

ELABORACIÓN

Blanquear en agua hirviendo el orégano y la menta durante 20 segundos, retirar y enfriar inmediatamente en agua fría con hielo.
En la misma agua cocer los guisantes *al dente*. Reservar el agua de cocción.
Remojar el pan en agua, escurrirlo e introducirlo en un recipiente hermético junto con la menta, el orégano, los guisantes, el vinagre y la mitad del aceite. Salar y guardar 12 horas en el frigorífico.
Introducir todo en el vaso del robot, triturar, emulsionar y desleír con el agua de cocción de los guisantes.
Rectificar de sal y colar por un tamiz fino.

SUGERENCIAS

- Si las vainas de los guisantes son tiernas, podemos cocerlas una vez desgranadas, triturarlas y pasarlas por el chino. Obtendremos una crema dulce con un sabor intenso a guisantes con la que podemos desleír el gazpacho.
- Para el montaje podemos utilizar dados de pan frito en aceite de oliva, aceite de menta, trocitos de gelatina de algas o almejas en la gelatina de su agua de cocción.

GAZPACHO DE CACAHUETES

INGREDIENTES

Para 2 litros

- 500 g de cacahuetes pelados
- 200 g de pan de pasas
- 1,5 dl de aceite de cacahuete
- 1,5 dl de aceite de oliva
- 0,8 dl de vinagre de Jerez
- 1,4 l de agua
- Sal, pimienta

ELABORACIÓN

Remojar el pan en el vinagre, añadir el aceite de oliva, los cacahuetes y la sal. Dejar reposar 12 horas en el frigorífico dentro de un recipiente hermético.

Introducir en el vaso del robot, triturar y emulsionar con el aceite de cacahuete.

Desleír con agua.

SUGERENCIAS

- Acompañar con un cordón de mostaza y otro de *ketchup*.
- Si se va a consumir inmediatamente, se puede diluir con agua tónica o agua con gas.
- También se puede servir con pechuga de pollo asada a la barbacoa, tibia y cortada en juliana fina.

Dedicado a Charlie Trotters, cocinero en Chicago.

GAZPACHO DE BATATA Y PAPAYA

INGREDIENTES

Para 2,5 litros

- 600 g de batatas
- 600 g de papaya
- 200 g de pan de nueces
- 3 dl de aceite de oliva virgen extra de primera presión en frío
- 0,5 dl de aceite de nuez
- 1,5 dl de vinagre de Jerez
- 6 dl de agua
- Sal, pimienta

ELABORACIÓN

Asar las batatas, pelarlas y cortarlas en dados.
Pelar la papaya, retirar las pepitas y trocearla.
Macerar todo menos el agua durante 12 horas en un recipiente hermético.
Introducir en el vaso del robot los ingredientes sólidos de la maceración. Triturarlos y emulsionar con el líquido de la maceración.
Desleír con el agua y colar.

SUGERENCIA

- Los mariscos –langosta, colas de cigalas– funcionan muy bien con esta receta. Para ello, emplearemos el agua de su cocción en el momento de desleír el gazpacho.

A Jesús Ramiro, cocinero vallisoletano afincado en Santo Domingo, buen conocedor de estos productos y gran embajador de la cocina española.

GAZPACHO DE GARBANZOS

INGREDIENTES

Para 2 litros

- 500 g de garbanzos de muy buena calidad (por ejemplo, los de Pico del Pardal)
- 200 g de patata
- 60 g de zanahoria
- 200 g de pan de higos
- 3,5 dl de aceite de oliva
- 0,9 dl de vinagre de manzana
- 1 litro de agua
- Sal, pimienta

ELABORACIÓN

Poner los garbanzos a remojar durante 12 horas.

Pelar la zanahoria y las patatas. Ponerlas en una olla con agua fría junto con los garbanzos, cocer a fuego lento y sin dejar que baje el hervor. Retirar del fuego y dejar enfriar en su misma agua.

Introducir en un recipiente hermético los garbanzos junto con la zanahoria, las patatas y el pan remojado en el vinagre. Salar y dejar reposar durante 12 horas.

Verter todo en el vaso del robot, triturar y emulsionar con el aceite.

Desleír la mezcla con el agua de cocción y pasar por el colador.

Guardar en el frigorífico hasta el momento de servir.

SUGERENCIAS

- Puede acompañarse con alguna *quenelle* de pescado azul.
- Si no lo desleímos, obtendremos una salsa muy espesa que nos dará muy buen resultado para acompañar verduras a la plancha o pescados azules como chicharro o sardinas.
- Si se desea, se puede añadir cilantro o comino en la preparación.
- Se puede realizar el mismo gazpacho con judiones. En este caso, añadir al final de la cocción 3 dl de nata, quitando la zanahoria y acompañando como guarnición con dados de manzana verde y de arenque ahumado.

Este gazpacho se inspira en el humus, pasta de garbanzos típica del Magreb y de Oriente Próximo.

GAZPACHO DE TOMATE CONFITADO Y CIGALAS

INGREDIENTES

Para 1,5 litros

- 1 kg de tomates
- 100 g de cebolletas
- 100 g de pimiento verde
- 200 g de mayonesa de aceite de oliva
- 4 cigalas de 200 g cada una
- 100 g de pan candeal
- 2,5 dl de aceite de oliva extra virgen de primera presión en frío, preferiblemente de la variedad cornicabra
- 1 dl de vinagre de Jerez de 15 años
- Sal, pimienta

ELABORACIÓN

Pelar las cigalas, reservar las colas y el jugo de las cabezas.
En un recipiente hermético poner los tomates, las cebollas, los pimientos, el pan remojado con el vinagre y la mitad del aceite. Salar y marinar durante 12 horas.
Triturar la marinada y emulsionar con el resto del aceite. Colar y reservar.
Introducir la mayonesa en el vaso del robot con el jugo de las cabezas e ir añadiendo el gazpacho a baja velocidad, como si siguiéramos montando la mayonesa. Reservar en el frigorífico hasta su utilización.
Para el montaje, asar las colas de las cigalas, servirlas calientes en platos hondos y presentar el gazpacho bien frío en jarrita.

SUGERENCIA

- Podemos acompañar las colas de cigala con otro marisco o con boletos *(Boletus edulis)* asados a la plancha.

GAZPACHO CONFITADO CON CARABINEROS

INGREDIENTES

Para 4 personas

- 4 carabineros de 200 g
- 8 pimientos secos hidratados
- 800 g de tomates confitados
- 150 g de cebolletas nuevas
- 100 g de pimiento verde pelado
- 300 g de miga de pan candeal
- 2 dientes de ajo asados
- 3 dl de aceite de oliva
- 0,6 dl de vinagre de Jerez de 25 años
- 200 g de mayonesa de aceite de oliva
- 1 l de agua
- Sal, pimienta

ELABORACIÓN

Extraer el jugo de las cabezas de los carabineros, colarlo y añadirlo a la mayonesa con el ajo asado. Pasarlo por el colador y reservar.

Limpiar las colas y reservarlas. Cocer los restos en el agua hasta que ésta se reduzca a la mitad. Colar y reservar.

Poner a marinar el tomate, las cebolletas, la carne de los pimientos, el pimiento verde, la miga de pan remojada con/en el vinagre y la mitad del aceite. Salar y dejar reposar durante 12 horas.

Verter la marinada en el vaso del robot, triturar, emulsionar y diluir con el agua reducida, rectificar de sal y de pimienta. Colar y reservar.

Introducir en el vaso del robot la mayonesa enriquecida con el ajo y el jugo de las cabezas de los carabineros, añadir el gazpacho poco a poco con el robot a baja velocidad, como si siguiéramos montando la mayonesa, con cuidado de que no se corte.

Asar las colas a la plancha con sal gorda y aceite.

Servir un carabinero en cada plato sopero y el gazpacho en una jarrita o una sopera.

SUGERENCIAS

- Este gazpacho también se puede hacer con bogavante, gambas, cigalas o langosta.
- Como opción, acompañar con barritas de pan tostado con hierbas, gambas, una gelatina de eneldo o aceites aromáticos.

GAZPACHO DE MANDARINAS CON ARENQUE Y VERDURITAS

INGREDIENTES

Para 2 litros

Para el gazpacho

- 1,5 kg de mandarinas
- 150 g de picos al aceite de oliva
- 2,5 dl de aceite de mandarina Oliviers&Co®.
- 1 dl de vinagre de cava
- Sal, pimienta

Para la guarnición, por comensal

- 4 gajos de mandarina pelada al vivo
- 30 g de arenque cortado en juliana
- 8 g de pan
- 5 g de pepino
- 5 g de apio
- 5 g de zanahoria
- 5 g de cebollino
- 5 g de cebolleta nueva
- 4 g de mango
- 4 g de pimiento rojo
- 4 g de pimiento verde

ELABORACIÓN

Pelar las mandarinas al vivo, reservar media mandarina por comensal e introducir el resto en el vaso del robot junto con los picos, la sal y el vinagre.

Triturar y emulsionar con el aceite de oliva. Colar y guardar en el frigorífico.

Colocar las mandarinas en el centro de un plato sopero, encima el pescado, y alrededor, formando un círculo, pequeños montones con las verduras cortadas.

En jarra aparte, servir el gazpacho bien espeso y frío.

SUGERENCIAS

- Cambiar el arenque por otro pescado ahumado o en vinagre.
- Se pueden añadir huevas de pescado secas pasadas por el rallador.

A Olivier Baussan, fundador de Oliviers&Co®. Elabora una gama de aceites de oliva y cítricos mezclando la aceituna y la fruta en el momento de la molienda. El resultado es magnífico en aliños y maceraciones, como en el caso específico del gazpacho.

Gazpachos utilizados como salsa

Utilizar el gazpacho como una salsa o una vinagreta.
Otra manera de verlo.

GAZPACHO ROJO CON MARISCOS A LA PLANCHA

INGREDIENTES

Para 4 personas

Para el gazpacho

- 250 g de tomates
- 40 g de pimiento verde
- 40 g de cebolletas
- 40 g de pepino
- 50 g de pan asentado del día anterior
- 1 dl de aceite de oliva extra virgen de primera presión en frío
- 0,2 dl de vinagre de Jerez
- Sal, pimienta
- El agua de las ostras

Para los pescados y mariscos

- 4 filetes de salmonete, limpios de espinas
- 4 chipirones
- 8 mejillones
- 200 g de pulpo cocido, cortado en rodajas
- 4 ostras
- 4 gambas crudas
- 8 caracoles de mar

ELABORACIÓN

Gazpacho

Lavar los tomates, trocearlos e introducirlos en un recipiente hermético junto con el pimiento pelado, las cebolletas cortadas, el pepino y el pan remojado en el vinagre. Salar y dejar reposar en el frigorífico durante 5 horas.

Verter todo en el vaso del robot, añadir el agua de las ostras y el jugo de las cabezas de las gambas, triturar y emulsionar con el aceite. Colar y reservar en frío hasta el momento de servir.

Mariscos

Abrir las ostras y guardar el líquido. Cocinar los caracoles y retirar las conchas. Limpiar los chipirones, limpiar las gambas y guardar el jugo de las cabezas. Refrigerar hasta el momento de servir.

Pasar por la plancha caliente los mariscos, el mejillón con la concha y el salmonete, sin que se hagan mucho. Presentarlos en el plato con el gazpacho como salsa.

SUGERENCIAS

- Los pescados y mariscos empleados pueden variar, según la estación. También puede utilizarse uno solo.
- Una variante consiste en sustituir el salmonete por rape.
- Resulta interesante la combinación con pescado azul, en concreto, bonito.

GAZPACHO DE TOMATE Y VERDURAS A LA PLANCHA

INGREDIENTES

Para cuatro personas

Para el gazpacho

- 300 g de tomates
- 40 g de pimiento verde
- 40 g de cebolletas
- 40 g de pepino
- 50 g de pan asentado del día anterior
- 1 dl de aceite de oliva extra virgen de primera presión en frío
- 0,2 dl de vinagre de Jerez
- Sal, pimienta

Para las verduras a la plancha

- 4 cebolletas nuevas
- 1 cebolla roja
- 80 g de calabaza
- 2 zanahorias
- 2 calabacines
- 100 g de brécol
- 100 g de setas

ELABORACIÓN

Gazpacho

Lavar y trocear los tomates e introducirlos en un recipiente hermético junto con el pimiento pelado, las cebolletas cortadas, el pepino y el pan remojado en el vinagre. Salar y dejar reposar en el frigorífico durante 12 horas.

Verter todo en el vaso del robot, triturar y emulsionar con el aceite. Colar. Reservar en frío hasta el momento de servir.

Verduras a la plancha

Cortar las verduras no demasiado gruesas, para que se hagan fácilmente.

Asarlas a fuego medio con sal y aceite, y presentarlas en un plato con el gazpacho como salsa.

SUGERENCIA

- Servir el gazpacho en una salsera aparte.

GAZPACHO DE TOMATE, HINOJO Y ALBAHACA CON PASTA DE SARDINAS

INGREDIENTES

Para 4 personas

Para el gazpacho

- 300 g de tomates
- 100 g de hinojo
- 20 g de cebolletas
- 50 g de miga de pan
- 0,1 dl de vinagre de sidra
- 0,8 dl de aceite de oliva virgen extra de primera presión en frío
- Sal, pimienta

Para la pasta de sardinas

- 400 g de sardinas en aceite de oliva, que no sean picantes
- 50 g de cebolletas
- 40 g de pimiento verde
- 0,4 dl de aceite de oliva virgen extra de primera presión en frío
- 10 g de aceitunas verdes
- 10 g de aceitunas negras

Para guarnición

- Encurtidos varios

ELABORACIÓN

Gazpacho

Lavar los tomates y cortarlos en cuartos. Añadir el hinojo, las cebolletas, la miga de pan remojada en el vinagre y el aceite. Salar y guardar en un recipiente hermético en el frigorífico durante 12 horas.

Introducir la preparación anterior en el vaso del robot. Triturar, colar y reservar en frío.

Pasta de sardinas

Introducir todos los ingredientes en el vaso del robot y triturar hasta obtener una pasta fina.

Montaje

Colocar una cucharada de pasta de sardinas y, al lado, un poco de salsa de gazpacho.

Se puede agregar una salsa de tomate y albahaca en el momento de triturar la pasta de sardinas. En este caso, es preferible utilizar sardinas en tomate.

Colocar los encurtidos como en la foto.

SUGERENCIAS

- En lugar de sardinas podemos usar otra conserva: bonito, caballa, chicharro, etcétera.
- Se puede acompañar con barritas de pan tostado con hierbas

GAZPACHO DE ESCALIBADA CON BACALAO

INGREDIENTES

Para 4 personas

- 100 g de cebolletas
- 100 g de berenjena
- 100 g de pimientos rojos
- 60 g de miga de pan
- 0,8 dl de aceite de oliva virgen extra de primera presión en frío
- 0,2 dl de vinagre de Jerez
- Sal, pimienta
- 4 trozos de bacalao desalado, de la parte del lomo, de 150 g cada uno

ELABORACIÓN

Pescado

Secar muy bien con un paño los trozos de bacalao. Introducirlos en una cacerola de modo que los trozos queden justos de espacio, para que, al echar el aceite, el pescado quede casi cubierto. Confitar muy despacio en el horno durante 2 horas a 60°. Dejar enfriar. Reservar el aceite.

Gazpacho

Purgar las berenjenas con sal gruesa y lavar. Asarlas a la plancha junto con las cebolletas.
Asar los pimientos a la plancha con sal y azúcar.
Remojar el pan en el vinagre, introducirlo en el vaso del robot junto con las verduras y la sal. Triturar y emulsionar con el aceite de cocción del bacalao. Colar y reservar.

Montaje

Colocar en el centro de cada plato una pieza de bacalao tibio y acompañar con la salsa de gazpacho.

SUGERENCIAS

- Se puede sustituir el bacalao por una *quenelle* de brandada.
- El cebollino y el cilantro son hierbas adecuadas para este plato.

GAZPACHO DE *SALVITXADA* CON *CALÇOTADA* EN *BRICK*

INGREDIENTES

Para 5 personas

Para el gazpacho

- 700 g de tomates
- 50 g de almendras molidas
- 50 g de avellanas molidas
- 2 guindillas
- 30 g de ajo
- 25 g de perejil picado
- 60 g de miga de pan
- 2,5 dl de aceite de oliva virgen extra de primera presión en frío
- 0,4 dl de vinagre de Jerez
- Sal, pimienta

Para la *calçotada*

- 10 planchas de pasta *brick*
- 10 cebolletas nuevas
- 1 dl de aceite de carbón
- Sal ahumada

ELABORACIÓN

Gazpacho

Lavar los tomates, cortarlos en rodajas e introducirlos en un recipiente hermético junto con el pan remojado en el vinagre, el ajo, las guindillas sin las semillas, las avellanas y las almendras molidas. Salar y guardar en el frigorífico durante 12 horas. Volcar en el vaso del robot, triturar y emulsionar con el aceite. Pasar por el colador y guardar en el frigorífico hasta su utilización.

Calçotada

Limpiar las cebolletas, lavarlas y asarlas a la brasa o a la plancha. Salar y rociar con el aceite de carbón, y dejarlas enfriar.

Hacer un rulo con cada cebolleta y envolverlas con la pasta *brick*. Freír en aceite muy caliente, secar con papel absorbente y servir con la salsa.

SUGERENCIAS

- Se pueden servir con la salsa aparte.
- Este gazpacho puede emplearse también para aliñar una ensalada de escarola o endivias.

Las cebolletas nuevas –*calçots*– asadas a la brasa y servidas en tejas de barro con salsa *salvitxada* son una preparación tradicional del recetario catalán para las fiestas populares.
En este caso, se trata de comer los *calçots* de una forma más moderna.

CODORNICES EN ESCABECHE CON SU GAZPACHO

INGREDIENTES
Para cuatro personas

Para el escabeche

- 4 codornices limpias y sin ninguna pluma
- 2 cebollas
- 1 zanahoria
- 1 hoja de laurel
- 1 cabeza de ajo
- 25 g de harina
- 1,5 dl de aceite de oliva virgen extra de primera presión en frío
- 2 dl de vinagre de Jerez
- Pequeñas verduras para acompañar: cebolletas, zanahorias baby, puntas de espárrago limpias y sin piel

Para el gazpacho

- 200 g de tomates
- 50 g de las verduras del escabeche
- 20 g de miga de pan
- 0,5 dl de aceite de oliva virgen extra de primera presión en frío
- 1 dl del líquido del escabeche
- Sal, pimienta

ELABORACIÓN

Escabeche

Pelar las cebollas y la zanahoria y cortarlas en rodajas finas. Deshuesar las codornices, bridarlas y enharinarlas. Salar y freír en una cacerola junto con las cebollitas, las zanahorias *baby*, las demás verduritas y el ajo.

Una vez bien doradas, añadir el vinagre y el laurel, cubrir con agua y dejar reducir hasta que estén cocidas. Reservar.

Gazpacho

Introducir todos los ingredientes, excepto el aceite, en el vaso del robot. Triturar y emulsionar con el aceite. Colar y reservar.

Montaje

Desatar las codornices, colocarlas armoniosamente en el plato y distribuir la salsa con una cuchara entre las verduras y la codorniz.

SUGERENCIA

- Puede hacerse también con escabeches de pescado azul –bonito, sardinas, chicharro– y de otras carnes –perdiz, conejo, pollo, etcétera.

GAZPACHO DE AGUACATE CON VERDURAS FRITAS MARINADAS
AL ESTILO DEL BIENMESABE GADITANO

INGREDIENTES
Para 4 personas

Para el gazpacho
- 400 g de aguacate
- 50 g de pepino
- 50 g de apio, del tallo
- 40 g de cebolla
- 50 g de pimiento verde
- 50 g de pan de cebolla
- 3 dl de aceite de oliva virgen extra de primera presión en frío
- 1 dl de vinagre de Jerez
- El zumo de un limón
- Sal, pimienta

Para las verduras marinadas
- Espárragos verdes
- 1 plátano
- 50 g de calabaza
- 1 zanahoria
- 1 berenjena
- 1 calabacín
- 1 cebolla roja
- 1 dl de vinagre blanco
- 2 dl de agua
- 40 g de sal gruesa
- 1 g de pimienta en grano
- 1 hoja de laurel
- 5 g de orégano fresco
- 300 g de harina para freír
- 2 litros de aceite de oliva para una gran fritura

ELABORACIÓN

Verduras
Calentar el agua con la sal gruesa, la pimienta, el laurel y el orégano, disolver la sal y añadir el vinagre. Dejar enfriar con la cacerola cubierta con film transparente. Limpiar las verduras y cortarlas en tiras de 4 milímetros, agregar la cebolla en rodajas del mismo grosor y marinar durante 6 horas en la solución de agua y vinagre.

Gazpacho
Introducir el pan remojado en el vinagre en un recipiente hermético con los aguacates pelados cortados en 6 partes y sus huesos, las cebollas partidas en gajos, el pepino, el apio, el pimiento pelado, el zumo de limón y 1 dl de aceite de oliva. Salar y mezclar todo muy bien. Guardar en el frigorífico 12 horas. Retirar los huesos de aguacate y volcar en el vaso del robot, triturar y emulsionar con el resto del aceite de oliva. Colar y reservar al frío.

Montaje
Presentar el gazpacho en un tazón o recipiente hondo que permita colocar encima las verduras.
Secar bien las verduras y rebozarlas en la harina de freír. Freír a 180°, quitar el exceso de aceite con papel absorbente y colocar sobre el gazpacho.

SUGERENCIA

- Este mismo gazpacho acompaña muy bien una pasta hueca, servida con virutas de jamón ibérico, y alcaparras y pepinillos en vinagre cortados en *brunoise*.

Otros momentos del gazpacho

GAZPACHO DE YOGUR, ACEITE DE OLIVA, MANZANA Y FRAMBUESAS

INGREDIENTES
Para 2 litros

- 125 g de manzana verde
- 40 g de queso cremoso
- 600 g de yogur natural
- 300 g de frambuesas
- 100 g de bizcocho de yogur y limón
- 1,8 dl de aceite de oliva virgen extra de primera presión en frío, preferiblemente de la variedad arbequina
- 0,4 dl de vinagre de Jerez Pedro Ximénez
- Sal, pimienta

ELABORACIÓN

Pelar la manzana e introducirla en un recipiente hermético junto con la miga del bizcocho remojada en el vinagre, el queso, el yogur y 0,8 dl de aceite. Mezclar bien, salar y dejar macerar durante 2 horas.
Verter en el vaso del robot, triturar y emulsionar con el resto del aceite. Colar, añadir pimienta y servir bien frío con las frambuesas al lado, sin mezclarlas con el gazpacho.

Se trata de un excelente gazpacho para la mañana. Los ácidos de los ingredientes crean un juego sorprendente.

GAZPACHO DE NARANJA, MANDARINAS Y POMELO

INGREDIENTES

Para 2,5 litros

- 1 kg de mandarinas
- 1 kg de naranjas
- 500 g de pomelos
- 250 g de bizcocho de naranja
- 3,5 dl de aceite de oliva virgen extra de primera presión en frío de la variedad hojiblanca
- 2 dl de zumo de cítricos
- 0,2 de vinagre de chardonnay
- Sal, pimienta

ELABORACIÓN

Pelar las mandarinas, las naranjas y el pomelo. Reservar algunos gajos de cada fruta pelados al vivo para la guarnición.
Introducir en el vaso del robot el resto de la fruta, el bizcocho, la sal y el vinagre.
Triturar y emulsionar con el aceite de oliva, desleír con el zumo de cítricos. Colar y guardar en el frigorífico.
Presentar los gajos en el fondo del plato y verter el gazpacho por encima.

SUGERENCIAS

- El objetivo es terminar con un postre no azucarado, una sopa fría con frutas, pero emulsionada. Unas hojas de menta picada le darán frescor.
- Al vinagre del gazpacho podemos añadirle un caramelo rubio, y éste a la emulsión antes de desleírlo. El resultado es más delicado.

Los chefs invitados

La formación profesional de un cocinero evoluciona gracias al conocimiento de la obra de grandes maestros que influyen radicalmente en su trabajo. En ocasiones, algunos de ellos te brindan su amistad...y una receta.

Restaurante L'Arpège
Alain Passard
Chef habituado a utilizar la mantequilla en su cocina, nos deleita con un gazpacho de tomate en el que emplea aceite de oliva.

Restaurante Carré des Feuillants
Alain Dutournier
Como el maestro de Camas, Alain templa el capote en esta receta.

Rosas, El Bulli
El gazpacho de bogavante de Ferran Adrià modernizó la receta en la gastronomía española de los años ochenta. Albert Adrià fue el responsable del gazpacho de chocolate, un postre que nació a partir de su bombón de vinagre y de la tosta catalana de chocolate y aceite de oliva.

Restaurante Arzak
Juan Mari, maestro de varias generaciones de cocineros, sigue siéndolo, y tal vez más aún en compañía de Helena Arzak.

Mercado de la rue Acacias, París 75017
Taïra Kurihara es un especialista en pescado que domina la cocina francesa y la japonesa. Dos recetas de gazpacho con producto japonés.

Ferran Adrià

GAZPACHO DE BOGAVANTE

INGREDIENTES

Para 4 personas

Para el gazpacho

- 1 cebolla tierna de 60 g
- 3 tomates maduros
- 4 dientes de ajo
- 1 pimiento rojo de 50 g
- 1 pepino de 60 g
- 25 g de piñones
- 5 dl de caldo de crustáceos
- 11 cucharadas de mayonesa de aceite de oliva
- 6 cucharadas de nata montada
- 2 ó 3 cucharadas de vinagre de Jerez

Para la guarnición

- 1 pepino
- 30 g de pimiento verde
- 1 cucharada de cebollino picado
- 10 cebolletas tiernas pequeñas
- 10 tomates cereza
- 20 g de pimiento rojo
- 8 rebanadas de pan de 3 x 2 cm
- 3 cucharadas de hierbas aromáticas picadas
- 1 cucharada de mayonesa de aceite de oliva

Cocción del bogavante

- 2 bogavantes de 750 g
- 4 l de agua
- 1 cebolla
- 1 puerro
- 1 rama de apio
- 1 zanahoria
- Sal

ELABORACIÓN

Bogavante

Cocer las verduras cortadas en *brunoise* gruesa en 4 litros de agua hirviendo durante 30 minutos. Cocer el bogavante en este caldo durante 12 minutos. Retirarlo del agua y dejarlo enfriar en el frigorífico.

Limpiar el bogavante separando la cola y las pinzas peladas, la carne de las patas, la cabeza y el coral.

Gazpacho

Pelar los tomates, quitándoles el agua y las semillas. Colocar la cebolla tierna en una cacerola con agua y cocerla durante 2 minutos. Dejar enfriar.

Pelar los dientes de ajo y blanquearlos. Limpiar el pimiento de semillas y tallo. Mondar el pepino, cortarlo por la mitad, quitar las semillas y purgar con sal durante 10 minutos. Cortar a trozos los tomates, la cebolla tierna, el pimiento y el pepino, y colocarlo todo en un tazón con los dientes de ajo, los piñones y medio litro del caldo de los crustáceos. Guardar 12 horas en el frigorífico. Pasar por la batidora este preparado hasta obtener un puré; pasarlo por un colador, añadir mayonesa, el coral del bogavante y la nata montada; triturar de nuevo, cuando esté bien liso, sazonar con sal y vinagre de Jerez. Guardar en el frigorífico.

Guarnición

Mezclar la carne de las patas y la cabeza del bogavante con una cucharada de mayonesa, una cucharada de hierbas y una cucharada del coral del bogavante. Tostar las rebanadas de pan en el gratinador del horno, previamente calentado. Mondar los tomates cereza y vaciarlos con mucho cuidado; guardar 8 y cortar en pequeños dados los restantes.

Colocar 8 cebolletas tiernas en una cacerola con agua fría y llevarlas a ebullición durante 2 minutos. Enfriar y vaciar con cuidado; cortar las restantes en dados pequeños. Cortar en 12 rodajas finas el pimiento verde y picar finamente el resto. Cortar en pequeños dados el pimiento rojo. Mondar el pepino, cortarlo en dos para purgarlo con sal durante 10 minutos. Cortarlo en pequeños bastoncillos –4 por persona– y picar finamente el resto. Rellenar los tomates y las cebolletas con el relleno de bogavante. Mezclar todas las verduras picadas con el cebollino picado.

Untar cada tostada con un poco de aceite de oliva y colocar encima las hierbas picadas.

ACABADO Y PRESENTACIÓN

Cortar las colas de bogavante en 8 trozos cada una.

Colocar en medio de un plato hondo una *quenelle* con las verduras picadas. Poner alrededor 4 rodajas de bogavante con una pinza, 2 tomates rellenos, 2 cebolletas rellenas, 3 rodajas de pimiento verde y de pimiento rojo, 4 bastoncillos de pepino y 2 rebanadas de pan tostado.

Juan Mari Arzak

GAZPACHO DE TOMATES HORNEADOS CON *XABIRÓN* ESCABECHADO

INGREDIENTES

Para 4 personas

Para el gazpacho de tomates horneados

- 12 tomates maduros
- 1/2 pimiento verde
- 25 g de pepino
- 1/2 diente de ajo
- 10 g de pan
- 80 g de aceite de oliva
- 1 cucharada de azúcar
- 1 cucharada de orégano
- 150 g de agua
- Sal

Para la mermelada de tomate

- 200 g del agua que sueltan los tomates
- 130 g de azúcar

Para el *xabirón* escabechado

- 300 g de *xabirón (Trachinus draco)*
- 300 g de vino blanco seco
- 20 g de vinagre de sidra
- 1 hoja de laurel
- Unas hojas de perejil
- 80 g de agua
- 1 cucharada de aceite de oliva virgen
- Sal

Para la gelatina de albahaca

- Hojas de albahaca
- Agua
- Gelatina (una lámina por cada 150 g de agua)

Para la guarnición

- Puré de pimiento rojo triturado
- Crujiente de jamón ibérico
- Cebollino picado
- Hojas de perifollo
- 5 tipos de pimienta molida.

ELABORACIÓN

Para el jugo de tomate

Escaldar los tomates en agua hirviendo, quitarles la piel, cortarlos en 8 trozos cada uno, reservar el agua y las pepitas que suelten, sazonarlos añadiéndoles el aceite y el orégano y colocar en una fuente al horno durante 4 horas a 90 °C. Transcurrido este tiempo, sacar los tomates y triturarlos añadiendo el resto de los ingredientes. Rectificar de sal y de azúcar. Remover todo perfectamente. Colar y guardar en frío.

Mermelada de agua de tomates

Hervir todos los ingredientes hasta que adquieran la consistencia de una mermelada.

***Xabirón* escabechado**

Colocar el *xabirón* en una cazuela con el resto de los ingredientes fríos. Poner al fuego. Cuando rompa a hervir, retirarlo del fuego. Tenerlo así una media hora hasta que quede tibio. Entonces retirar las espinas y hacer lomos, conservando su piel y troceándolos a su vez.

Gelatina de albahaca

Infusionar la albahaca en agua hirviendo. Cuando la infusión esté aún tibia, añadir la gelatina correspondiente, triturar el líquido con las hojas de albahaca y dejar enfriar en el frigorífico hasta que se solidifique.

ACABADO Y PRESENTACIÓN

Colocar en el fondo de un plato hondo una fila con los lomos del *xabirón* cortados. Formar otra hilera con el puré de pimiento rojo, así como con la gelatina de albahaca. Añadir por encima el crujiente de jamón ibérico, las hierbas y la mermelada de agua de tomate. Poner en un costado, como ascendiendo hacia el borde del plato, las pimientas molidas en distintas hileras. Verter por encima unos cacillos del gazpacho frío de tomate.

Albert Adrià

GAZPACHO DE CHOCOLATE Y AVELLANAS

INGREDIENTES

Para 4 personas

Para el gazpacho de chocolate y avellanas

- 30 g de nata
- 70 g de agua
- 40 g de cobertura de chocolate 64 % cacao
- 50 g de azúcar
- 8 g de cacao
- 15 g de aceite de avellanas

Para las *quenelles* de piel de naranja confitada

- Piel de naranja confitada Garnier (c. s.)
- Hojitas de albahaca para decorar

Para los pañuelos de pan

- 1 barra de pan precocido
- Aceite de avellanas (c. s.)
- Sal

Para el helado de chocolate

- 500 g de leche
- 100 g de azúcar
- 4 yemas de huevo
- 100 g de cobertura de chocolate 64 % cacao
- 25 g de cacao
- 1/2 vaina de vainilla
- 2,8 g de estabilizante para helados

Para la reducción de vinagre balsámico

- 200 g de vinagre balsámico
- 15 g de glucosa

ELABORACIÓN

Gazpacho de chocolate

Poner el agua, el cacao y la nata en un cazo, remover y levantar el hervor. Mientras, picar el chocolate y tirar la leche y el agua una vez rompan el hervor. Triturar con la ayuda de una turmix para que quede una mezcla bien fina y añadir el aceite de avellanas ligando la mezcla.

***Quenelles* de piel de naranja confitada**

Cortar en daditos la juliana de piel confitada. Con la ayuda de 2 cucharas hacer pequeñas *quenelles* y colocarlas sobre un papel absorbente para retirar el exceso de almíbar.

Pañuelos de pan

Congelar el pan precocido. Cortar finas láminas en la máquina cortadora y colocar estas tiras en un molde de tal manera que cojan volumen. Rociarlas ligeramente con aceite de avellanas y rectificar de sal.

Cocer al horno a 180 °C durante 7 minutos, hasta que los pañuelos queden ligeramente tostados.

Helado de chocolate

Poner en un cazo la leche con la vainilla y el cacao, y levantar el hervor. Dejar infusionar la vainilla. Por otro lado, mezclar y blanquear las yemas con el azúcar y el estabilizante. Tirar la leche de vainilla y cacao a las yemas y remover para homogeneizar la mezcla. Poner a fuego lento y cocer a 86 °C. Colar sobre el chocolate, que se habrá picado previamente. Dejar madurar la mezcla durante 8 horas y pasar por la sorbetera.

Reducción de vinagre balsámico

Poner ambos ingredientes en un cazo y reducir hasta que obtengamos una textura similar a la de un caramelo líquido.

ACABADO Y PRESENTACIÓN

Colocar el gazpacho de chocolate y avellanas en una jarra y guardar en el frigorífico. Poner 2 *quenelles* de naranja confitada a ambos lados del plato y colocar encima de cada una unas hojitas de albahaca. Hacer salir de cada *quenelle* un cordón de reducción de vinagre.

A continuación, poner entre ellas varios pañuelos de pan y colocar encima de éstos el helado de chocolate.

Servir y, ya en la mesa, tirar el gazpacho de chocolate y avellanas.

Alain Dutournier

GAZPACHO BLANCO DE ALMENDRAS Y BOGAVANTE

(Preparar por la mañana para la noche)

INGREDIENTES

Para 6 personas

Para el gazpacho

- 3 bogavantes azules vivos de 600 g
- 1 kg de almendras frescas con cáscara
- 1 cabeza gruesa de ajo nuevo
- 1 hoja de laurel
- 30 g de miga de pan blanco
- 1 vaso de leche
- 10 cl de aceite de oliva dulce
- Pimienta de Espelette
- Sal marina

Para la guarnición

- 6 flores de capuchinas (para adornar)
- 1 manojo de rábanos
- 1 manojo pequeño de cebollino
- 1 tomate verde pelado y sin pulpa
- 80 g de guisantes frescos extrafinos
- 1 pepino pequeño

ELABORACIÓN

Poner en remojo la miga de pan con el vaso de leche.

Cocer los 3 bogavantes en un caldo corto, con cuerpo, hirviendo durante 5 minutos. Dejar enfriar media hora, luego pelar la cola y las pinzas. Recoger el coral, secarlo al horno y reducirlo a polvo, que utilizaremos al final, para decorar. Filtrar 75 cl del caldo corto en el que hemos cocido los bogavantes. Añadir los caparazones y las cáscaras machacadas y cocer 10 minutos. Filtrar de nuevo. Pelar, blanquear y, por último, aplastar la mitad de la cabeza de ajo. Partir las almendras y extraer el fruto. Majar dos tercios de las almendras con aceite de oliva. Incorporar al caldo concentrado de bogavante la mitad de la cabeza de ajo, aplastada y previamente blanqueada, así como la hoja de laurel. Añadir la miga de pan mojada en leche y las almendras majadas con el aceite de oliva. Cocer 10 minutos, pasar por la batidora, rectificar el punto de sal y pimienta. Dejar enfriar en la nevera. Mientras tanto, lavar los rábanos y cortarlos en dados pequeños, así como el pepino con su piel. Seccionar toscamente el cebollino y partir también la carne del tomate en cubos pequeños. Desgranar los guisantes, blanquearlos 6 minutos, enfriarlos y escurrirlos. Filetear el tercio restante de almendras frescas. Pelar y filetear los dientes de ajo restantes. Escaldarlos, enfriarlos, escurrirlos y freírlos en aceite de cacahuete hasta obtener pétalos de ajo dorados. Con ayuda de moldes de tarta, redondos o cuadrados, de acero inoxidable, disponer en el fondo de platos hondos la mezcla de tomate, guisantes, rábanos, pepino y cebollino. Presionar sin aplastar y retirar los moldes con el fin de crear la impresión de una reducción de verduras. Colocar encima las rodajas de cola de bogavante, rodeadas de la carne de las pinzas cortadas por la mitad. Rociar todo alrededor con el caldo helado, decorar con las almendras fileteadas, los pétalos de ajo y una flor capuchina en cada plato, sin olvidar de espolvorear con el coral desecado.

¿Quién no ha dejado volar su imaginación ante el azul excepcional de este hermoso crustáceo? Relativamente más accesible al principio del verano, en el mismo momento, y como por casualidad, en que las almendras alcanzan el punto de maduración. Cuando quiero conseguir un entrante fresco, hago un caldo helado de almendras aromatizado con ajo nuevo que, con unas verduras del huerto, realza el intenso sabor a mar del bogavante.

Alain Passard

GAZPACHO Y CREMA HELADA CON MOSTAZA DE ORLÉANS

INGREDIENTES

Para 4-6 personas

Para la crema helada

- 250 cl de nata líquida *(fleurette)*
- 250 cl de leche entera
- 5 yemas de huevo
- 3 cucharadas soperas de mostaza de Orléans

Para el gazpacho

- 700 g de tomates maduros, sólo la carne
- 100 g de cebolla
- 70 g de hinojo
- 40 g de pepino
- 30 g de pimiento rojo
- 1/2 g de ajo
- 8 g de vinagre de Jerez
- 6 g de sal
- Pimienta del molinillo
- Unas gotas de aceite de oliva

ELABORACIÓN

Crema helada

Llevar a ebullición la nata y la leche. Batir las yemas de huevo y añadir el líquido hirviendo. Mezclar y dejar enfriar. Una vez frío, incorporar la mostaza y pasar el preparado por la sorbetera.

Gazpacho

Batir en batidora el hinojo, las cebollas, el ajo y el pepino. Pasar la mezcla por el chino. Proceder del mismo modo con los tomates y los pimientos rojos. Mezclar los dos aparejos, homogeneizar el color y condimentar con la sal y el vinagre de Jerez. Servir con hielo picado en plato hondo, dar 2-3 vueltas de pimienta al molinillo y rociar con un hilo de aceite de oliva. Rematar con una *quenelle* de crema helada de mostaza.

Taïra Kurihara

GAZPACHO DE TOFU

INGREDIENTES

Para 4 personas

- 300 gramos de tofu (de ellos, 100 gramos para guarnición)
- 300 cl de leche de soja natural (no azucarada)
- 2 cl de vinagre balsámico blanco
- Sal, zumo de limón y un poco de cáscara de limón

ELABORACIÓN

Escalfar el tofu en agua salada hirviendo durante 2 minutos. Escurrir presionando ligeramente para que suelte toda el agua.

Pasar por la batidora el tofu, la leche de soja, el vinagre balsámico, la sal, el zumo y la cáscara de limón. Comprobar el sazonado.

Preparar dados de tofu. Enharinarlos ligeramente y freírlos.

Disponer el gazpacho de tofu frío en un bol con los dados de tofu fritos.

Taïra Kurihara

GAZPACHO DE ARROZ REDONDO JAPONÉS

INGREDIENTES

Para 4 personas

- 160 gramos de arroz redondo japonés (de origen californiano)
- 1 litro de agua
- 3 cl de vinagre de arroz
- 4 piezas de *umeboshi* (ciruelas saladas)
- Extracto de pescado en polvo (de bonito) y de *konbu* (algas)

ELABORACIÓN

Poner el arroz en el litro de agua, ligeramente salada, con el extracto de pescado y de *konbu*. Llevar a ebullición y dejar cocer tapado hasta que el arroz absorba toda el agua.

Pasar por una batidora el arroz con el vinagre de arroz. Añadir unas gotas de salsa de soja y de salsa de pescado (*nioc mam*). Comprobar el sazonado.

Montar en un bol con un poco de puré de *umeboshi*.

ÍNDICE

GAZPACHOS UTILIZADOS COMO SALSA

OTROS MOMENTOS DEL GAZPACHO

LOS CHEFS INVITADOS

Agradecimientos:

Taller del Bulli
Albert Adrià
Ferran Adrià
Grupo Alicia, del departamento científico
del Taller del Bulli, en especial por
su trabajo centífico sobre el gazpacho
Restaurante el Bulli,
Cala Montjoi, 17480 Roses, España

Helena y Juan Mari Arzak
Restaurante Arzak
Alto de Miracruz 21, 20015 Donostia
Gipuzkoa

Óscar Caballero
La Agencia
París-75014

Alain Dutournier
Restaurante Carré des Feuillants
14, rue de Castiglione, 75001-París, Francia

Taïra Kurihara
Restaurante Taïra
10, Rue des Acacias, 75017-París, Francia

Alain Passard
Restaurante L' Arpège
84, rue Varenne, 75007-París, Francia

Brillite Regis
75007-París

Telmo Rodríguez
Compañía de vinos de Telmo Rodríguez

Guy Degrenne
9,av Niel, 75017-París

La Galerie Santou
26 bd Raspail, 75007-París

Le Chat Huant
52 rue Galande, 75005-París

Les Carreaux de Paco
9, rue Jouffroy D'Abbans, 75017-París

Jaune de Chrome
13 des Quatre-Vents, 75006-París

Villeroy & Boch
84, bd Montparnasse, 75014-París